AF422735

A mes enfants et aux générations à venir

REMERCIEMENTS

Je tiens à saluer Julien RELET, Jimmy ANTOINE, Sophie LAMBERT, Nadège CHENON, Luc LARBALETRIER et Jean Marc GAYRAUD, qui m'ont permis, par leur aide, leurs conseils avisés m'ont permis de réaliser et de terminer cet ouvrage. Pensées toutes particulières pour Pascal VISINE qui a fait pour moi un remarquable travail de correction. Je vous adresse à tous mes remerciements particuliers pour votre implication dans cet ouvrage qui sans vous n'aurait pas la même valeur.

Georges ADICEAM

UN JOUR VIENDRA

GEORGES ADICEAM

ROMAN

NOTE DE L'ÉDITEUR

Un roman ? Un essai ? Sûrement les deux à la fois. Dans ces dernières semaines on a pu voir les politiciens de tout bord, de tout horizon se déchirer, se battre, s'injurier pour une parcelle de pouvoir, ou pour le conserver. L'ouvrage de Georges Adiceam nous entraine dans le monde nébuleux de la politique où il n'est pas chose aisée pour un jeune en général de se faire une place et en particulier pour un jeune originaire d'outre-mer dont la visibilité épidermique renvoie aux clichés coloniaux et racistes d'un autre temps. D'un temps que l'on voudrait croire révolu. Et pourtant !

On voudrait bien croire que les devises de fraternité, d'égalité et de liberté issues de la révolution de 1789 pétries de bonnes intentions peuvent permettre cette égalité sociale, économique et politique que les habitants issus de l'outre-mer recherchent tant. Pourtant tous ces idéaux sont balayés par des préjugés coloniaux et racistes d'un temps que l'on pensait révolu.   Las !

Depuis la « liberté » conquise contre l'esclavage, l'acquisition de la citoyenneté puis l'attachement départemental à la France, le regard jeté sur les habitants issus des anciennes colonies n'a pas varié d'un iota. Force est de constater qu'une fraction des classes populaires, manipulée par   un courant politique identitaire masque ainsi l'échec social dans ses vraies causes, à l'origine des actes les plus brutaux envers des personnes diabolisées par les discours de rejet, voire de haine...

La trame de cet ouvrage nous fait mesurer combien est difficile l'intégration et à plus forte raison l'intégration politique pour un jeune classé d'office en tant que minorité visible, reléguable dans les bas-fonds sociaux. Malgré les convictions très fortes dans les idéaux de liberté, fraternité et d'égalité, rappelés comme un leitmotiv déterminant inscrits dans l'inconscient populaire des générations successives des ultra-marins, leur reconnaissance dans la culture commune n'est pas acquise. Est-ce que l'idéal, la foi dans la constitution qui garantit l'égalité à tous, le désir de croire en l'intégration si ce n'est l'assimilation ne permettrait pas de se voir traiter au même niveau que tout autre citoyen du territoire dit métropolitain ?

Bien des faits renvoient à une tout autre réalité. Une réalité qui parfois mène au sordide, tant la force du préjugé raciste et colonial est ancrée dans les mentalités de toutes classes sociales. Les exemples les plus déterminants se sont maintes fois exprimés lorsque l'on a pu voir une ou plusieurs personnalités issues de l'outre-mer au plus haut niveau politique accueillies par des cris de singes ou traitées par des propos ramenant l'ultra-marin à une sorte d'inhumanité rappelant une époque que l'on pense souvent à tort, dépassée.

L'éditeur

Le ciel est pur et dégagé, on sent pointer les vacances d'été. Au moment des soldes, les boutiques sont bondées dans cette rue commerçante du 14e arrondissement de Paris, à l'ombre de la tour Montparnasse. A l'intérieur d'une grande librairie intitulée « Engagements », spécialisée dans les ouvrages politiques, économiques et de société, une petite foule applaudit l'arrivée d'une jeune femme. Cette librairie fait aussi maison édition et vient de la publier. On a mis à sa disposition chaise et table. Un portrait collé sur la vitre de l'entrée représente cette ravissante jeune fille qui reflète les couleurs de la France et du Maghreb. Elle est photogénique mais aussi belle dans la réalité. Elle est venue sans maquillage. Elle a des yeux de lynx et un charme irrésistible qui fera craquer les hommes !

Malika, belle brune en tailleur bleu clair, signe des dédicaces pour la promotion de son livre, sa biographie, qui retrace sa vie de militante associative jusqu'à sa candidature aux élections législatives de 2012. La file d'attente est nombreuse, patiente. Une femme d'une trentaine d'années, ronde et grande, se présente devant elle et lui déclare qu'elle l'admire beaucoup et qu'elle ne sait pas si comme elle, elle aurait fait preuve d'autant de courage et de la détermination. Malika lui sourit, réfléchit et elle écrit. *Pour Magalie l'avenir de la politique en France ne dépend que de nous, n'attendons rien des autres, ce sera ma dédicace. Si vous n'agissez pas, personne ne le fera à votre place. Que risquez-vous dans la vie ? Rien, sinon d'avoir des regrets pour le restant de vos jours.*

Magalie N'Gog est une journaliste. Elle travaille pour le magazine *Viva la cité*, une revue qui traite des problèmes des quartiers populaires. Elle aimerait poser quelques questions à l'élue.

En principe, elle n'accorde pas d'interviews, mais exceptionnellement elle le fera. Elle lui donne rendez-vous devant le magasin Mag

Computer, elle la retrouvera après les dédicaces. La jeune femme a vécu son enfance et adolescence dans un quartier pauvre de la ville et elle reste toujours sensible aux problèmes des quartiers défavorisés. Selon Elle, la formation et l'apprentissage sont des moyens pour lutter contre **ce** marasme. D'après une étude, les élus ont constaté que beaucoup de jeunes sortent du système scolaire sans aucune formation, le chômage est élevé chez les jeunes dans la circonscription.   La jeune femme sait qu'elle a beaucoup de travail pour remplir son mandat de députée. Quelque temps plus tard, Malika et Magalie boivent un café dans un bistrot du coin que fréquentent jeunes et étudiants. Quelques provinciaux de passage viennent dans cet établissement, la gare Montparnasse est à cinq cents mètres d'ici. Le troquet s'appelle les années quatre vingt, on passe de la musique française et étrangère de cette époque-là. Tous les vendredis soir, le karaoké est à la disposition de la fidèle clientèle. Malika est fatiguée de cette journée mais elle est enchantée d'être avec Magalie qui est plus jeune qu'elle. Cette femme a de l'enthousiasme, elle aime discuter de la politique et surtout encourager la jeunesse. La journaliste est ravie de cette rencontre.

> — Je sais que vous êtes entrée en politique grâce à un homme, dit
> Magalie.
> — C'est exact, soupire Malika. J'ai décidé de reprendre le flambeau
> à la suite du décès de Gérard Rayapa, mon compagnon. Vous
> savez, sans Gérard, je ne serais pas aujourd'hui ici à dédicacer
> mon livre.

Quelques secondes s'écoulent, puis Malika soupire et ajoute, la gorge serrée :

> — Je donnerais n'importe quoi pour qu'il soit en face aujourd'hui.

Les yeux de Malika brillent et son visage est sombre. Elle pose un instant sa tête sur son bras gauche, en travers de la table. Nostalgie, chaque fois qu'elle pense à lui.

Juin 2001 dans la cours du lycée de Saint-Jean à l'île de la Réunion, des élèves crient de joie, d'autres pleurnichent, une agitation bruyante spécifique de cet âge-là. Gérard, jeune gars élancé de type indien, traverse la cour en direction des panneaux de résultats du bac. Il y est, il voit son nom. Le voilà qui saute de joie, discute avec les copains et sort sans tarder de l'établissement. En hâte, il enfourche son scooter, direction la ville. En chemin, il aperçoit son ami Henri qui le fixe d'un regard interrogateur. A la mine ravie de Gérard, Henri comprend que celui-ci a obtenu son bac. Les deux amis s'étreignent. Henri lui propose de le retrouver le soir à la discothèque Fanfan pour fêter l'évènement.

ooooo

Gérard aime la mer. Il décide de faire une escapade au sud de l'île jusqu'à cette plage ou il a souvent l'habitude d'aller seul quand il désire se changer les idées. Cette plage il y est tranquille pour méditer. Elle est balisée de panneaux d'interdiction de se baigner en raison de la présence de requins et peu de touristes la fréquentent. Son visage respire la joie, il rayonne. Gérard annonce la bonne nouvelle à ses parents, le père et la mère embrassent leur fils et le félicitent. Madame Rayapa a préparé un cabri massalé avec du riz, régal de son fils, qui ne prend même pas le temps de savourer et l'avale tout rond. Son père, constatant cet empressement, lui dit de manger doucement et de prendre le temps de vivre. Il veut aller voir son oncle Raymond, son modèle, son mentor, un homme célèbre dans l'île. Un simple instituteur qui s'est fait tout seul, a gravi les échelons politiques pour terminer sénateur-maire de Saint Pierre. Cette commune du sud est la deuxième ville la plus importante de l'île.

ooooo

Les Rayapa sortent de table, Gérard remercie sa mère et l'embrasse, il décampe du domicile familial. Un peu plus tard, le jeune s'arrête devant une belle, grande maison blanche, il sonne. Le portail s'ouvre sur un homme d'une soixantaine d'années, petit et corpulent. Son oncle salue son neveu et prend de ses nouvelles. Gérard lui apprend qu'il est le nouveau bachelier de la famille. Son oncle, rouge d'émotion, le prend dans ses bras, il est fier de lui. C'est un grand jour pour le jeune homme, ils décident de fêter cela. Quelques temps après, oncle et neveu se trouvent dans un somptueux cabaret très réputé de l'île. Le décor y est exotique, avec de magnifiques toiles représentant des paysages réunionnais : le Piton de la Fournaise, la Cascade Langevin et le Cirque de Mafate. Un groupe de musiciens locaux confère à cet endroit chaleureux une ambiance des plus agréables. La salle retentit du Séga, une musique traditionnelle des Mascareignes. Quatre belles femmes dansent avec leurs tenues madras traditionnels. Raymond admire les danseuses et il tape avec sa main droite en bougeant ses quatre doigts sur la table, on a l'impression qu'il fait du tam-tam. Le petit est pensif. Brusquement son oncle arrête ses mouvements et regarde Gérard.

— Alors, vers quel type d'études penses- tu t'orienter ?
— Une école d'ingénieurs. J'ai envoyé ma candidature à plusieurs établissements parisiens, j'ai déjà reçu quelques réponses positives sous réserve de l'obtention du bac. Je vais passer un concours d'entrée dans une grande école à Paris, le Conservatoire National des Arts et Métiers.

Gérard se sent vexé de ne pas être sélectionné aux Ponts et chaussées, une école très réputée dans laquelle il rêvait d'entrer. Malheureusement ses notes étaient insuffisantes, malgré qu'il ait obtenu le baccalauréat avec mention bien. Il préfère garder ce chagrin dans son cœur et il n'a envie d'en parler à personne, même pas à son oncle.

— Là-bas, tu pourras habiter chez l'oncle Georges dit Raymond, il sera très heureux de te revoir.
— Oui, cela fait bien longtemps que je ne l'ai vu.

Le serveur apporte deux cocktails à base de rhum. Ils trinquent à son succès et à ses projets. Raymond espère qu'il va continuer à militer car selon lui l'avenir appartient à la jeunesse. Il sait bien que Gérard a des convictions depuis très longtemps et que la politique est le seul moyen de changer la vie de tous. L'ancien Sénateur-Maire se souvient que son neveu assistait aux conseils municipaux, alors que sa propre fille ne s'est jamais intéressée à la politique. Lui répète que c'est lui qui lui a donné envie de la politique, il est vrai que pour Gérard, son oncle sera toujours son modèle. Raymond est touché par ses mots, il sait que le benjamin de la famille réussira. L'heure tourne, l'homme regarde sa belle montre, un joli cadeau de sa défunte épouse. Ils vident leur verre et sortent de l'établissement. Gérard raccompagne son oncle jusqu'à sa voiture. Ils s'embrassent affectueusement. Son oncle lui tape amicalement dans le dos et lui dit de prendre soin de lui et de ne pas trop tarder. Il répond qu'il va juste voir son ami Henri et il rentre. Raymond démarre sa belle auto rouge et s'éloigne tandis que Gérard enfourche sa vespa. Le soleil resplendit sur le jardin de la famille Rayapa où sont réunis Gérard et ses proches. Sa mère ne cache pas une profonde tristesse, son fils l'embrasse. C'est la première fois de sa vie qu'il quitte le domicile familial. Le jeune homme a vécu une enfance confortable, son père est propriétaire d'une grande entreprise de location de voitures et de cars, sa mère est professeur de français. La mère semble mélancolique et son fils la réconforte, il assure qu'il viendra souvent la voir. Le père de Gérard l'embrasse à son tour. Gérard promet à ses parents qu'il réussira ses études et leur demande de ne pas s'inquiéter. Oncle Georges et Tante Bernardine n'ont pas d'enfants, ils seront ravis d'avoir leur neveu avec eux. La grande sœur serre très fort Gérard, son visage est sombre. Son frère va lui manquer. Elle verse une larme chargée de tous les souvenirs partagés du temps où elle veillait sur son petit frère. Son mari se tient en retrait derrière elle.

    — Les belles filles ne manquent pas en métropole.
    — Moi, la prochaine fois, j'espère bien être tonton.

Sa sœur hoche sa tête en souriant. Il embrasse à nouveau ses parents avec tendresse. Ils s'observent un long moment, puis Gérard rejoint le véhicule où l'attendent sa sœur et son beau-frère. Gérard s'installe à l'arrière, la voiture démarre. Il fait un dernier signe d'adieu. Le père et la mère s'attardent sur le seuil de la porte. Ce garçon se sent anxieux de quitter son île natale et d'aller vers une terre inconnue. Il doit s'adapter à une nouvelle vie qui l'attend. Il ne connait personne en métropole hormis son oncle et sa tante. Il aime le soleil et la chaleur. En Métropole, il doit affronter le froid et le mauvais temps.

ooooo

Le jeune homme n'aime pas l'avion mais son voyage s'est bien déroulé. Pendant le trajet, il a fini la lecture de « L'étranger » d'Albert Camus et a pu se reposer après un bon plateau repas agrémenté du sourire de l'hôtesse. Une belle voiture rouge roule sur l'autoroute reliant l'aéroport à la capitale. A l'intérieur, Oncle Georges conduit, Tante Bernardine est assise à ses côtés, Gérard à l'arrière. Il pleut sur la ville. Ils habitent à Colvert depuis quinze ans, une commune très proche de Paris. Georges est un cadre technique dans la fonction publique hospitalière et sa femme est professeur d'anglais au collège. Tout au long du trajet oncle Georges discute avec Gérard au sujet de ses études et de la vie en métropole, sa tante écoute de la musique hindi avec son baladeur. Son oncle a rencontré sa moitié très jeune, au lycée. Georges avait du mal à trouver un emploi, le marché du travail à La Réunion était déjà saturé dans les années quatre-vingt comme dans les autres départements d'Outre-Mer. Il décide de venir en métropole, intègre la fonction publique comme agent hospitalier et finit par évoluer au sein de l'administration. Il repart au pays et se marie avec Bernardine, ils reviennent en métropole. A la retraite, Georges et sa femme envisagent de vendre leur appartement et d'acheter une petite maison à Saint André, où vit une importante communauté tamoule, pour y passer leurs derniers jours. Saint André recèle quelques joyaux comme les temples de Colosse et celui de « Petit Bazar » et à proximité la forêt de Dioré. Bernardine est née dans cette commune du nord de l'île. Toute la famille Rayapa sont de Saint Pierre. Pendant le parcours ils s'échangent sur la situation actuelle de la France et de la Réunion. Bientôt, un panneau annonce Colvert, le véhicule passe devant un centre commercial. La voiture se dirige vers le parking souterrain d'une résidence chic. Le conducteur appuie sur une commande, la porte automatique s'ouvre et la voiture s'engouffre dans le parking.

ooooo

Trois semaines après son arrivée en métropole, Gérard reçoit une lettre.

Son oncle se tient à ses côtés, c'est un homme mince, grand et élancé. Son dossier est accepté au Conservatoire National des Arts et Métiers, il commencera dans deux semaines. Georges le complimente et il est content que son neveu intègre une grande école d'ingénieurs. Il veut fêter cette bonne nouvelle, et invite Gérard au restaurant. Le jeune homme hésite à avouer à son oncle qu'on lui a proposé un travail de plongeur pour une semaine avec prolongation éventuelle pour le week-end en tant qu'extra. Il se lance et finit par lui annoncer la nouvelle. Son oncle lui jette un regard noir :

— Je ne veux pas que tu ailles travailler, je veux seulement que tu réussisses tes études. Avec ta tante nous n'avons pas de problèmes financiers.

Georges s'assoit dans le fauteuil, soupirant de déception. Malgré tout, il s'excuse de s'être emporté, et se justifie. Il dit à Gérard que celui-ci peut tout leur demander y compris l'argent de poche. Il considère le jeune homme comme son fils. Gérard rétorque que ce travail va juste lui permettre d'avoir une expérience professionnelle. Son Oncle change de conversation, il demande à son neveu si celui-ci n'a jamais mangé un bon couscous, le petit ne connait pas ce plat et il veut bien essayer bien qu'il adore surtout la cuisine chinoise et indienne. Georges serre son neveu dans ses bras et l'embrasse affectueusement comme un père, sur le front. Gérard se sent soulagé et lui sourit.

ooooo

Le jeune Rayapa est à la plonge d'un grand restaurant français du 7e arrondissement de Paris pas loin du Bon Marché. Ce lundi matin à sept heures, il commence sa journée de travail. Le patron, exécrable, n'a

18

pas une once de considération pour ses employés. Les cadres administratifs et le maître d'hôtel sont sans arrêt sous pression... Richard Blanc est un grand chef au niveau national, élu meilleur ouvrier de France en 2001, c'est une personne respectée dans le métier.

— Dépêchez-vous hurle-t-il, il y a du boulot !

Simon, un homme petit et brun d'une soixantaine d'années, lui aussi à la plonge, sort une assiette du lave-vaisselle, elle lui glisse entre les mains et se brise.

— Espèce de vieux con, éructe le gérant, tu n'es qu'un maladroit, rentre chez toi si tu n'es pas capable de travailler correctement.

Simon sursaute tout tremblant, d'une voix intimidée, presque enfantine, il marmonne :

— Désolé, patron, j'ai besoin de travailler, j'ai une toute petite retraite qui ne me permet pas de vivre.
— Alors vieux con, travaille correctement, le matériel coûte cher.

Gérard suit la scène, visiblement choqué. Il s'approche du plan de travail, pousse volontairement une pile d'assiettes qui tombent et se cassent. Le patron se retourne et découvre l'ampleur des dégâts. Il rugit.

— Qu'est-ce qui se passe encore ?

Gérard le toise, l'air détaché et moqueur.

— J'ai cassé des assiettes, ça peut arriver... Je suis navré !

Le patron se prend la tête entre les mains d'un air théâtral.

— C'est quoi cette bande de jean-foutres ?

Gérard, loin de paniquer, se sent d'humeur insolente.

— Monsieur Blanc vous devez respecter vos employés, sans eux votre restaurant ne tournerait pas.
— Tu veux me faire la morale ? Rentre chez toi, tu es viré.
— On a tous droit au respect, ajoute-t-il posément.

A cet instant, le jeune réfrène sa hargne, son visage se rétrécit. Brusquement, une colère intérieure l'envahit, il se débarrasse de son tablier, le jette au visage du patron et sort du restaurant animé d'une rage silencieuse. Le patron reste pantois. La salle est calme, le personnel a suivi la scène mais personne n'est intervenue par les temps qui courent, il ne faut surtout pas perdre sa place. Une fois la tension retombée, et Gérard parti tout va rentrer dans l'ordre et chacun retournera à sa tâche comme si rien ne s'était passé.

Gérard est assis dans le bus, fatigué, écœuré de sa journée, le bus est bondé. Il pensait travailler plus longtemps dans ce restaurant tout en se rappelant de sa récente conversation avec l'oncle Georges. Il décide de tourner la page et pense uniquement à réussir ses études. L'épisode qu'il vient de vivre le persuade que si les choses doivent changer ce ne pourra être que par la politique. Il aperçoit une dame âgée debout avec une béquille. Elle n'ose pas réclamer une place assise. Gérard se lève et propose la place à la personne âgée. La dame sourit et le remercie de sa gentillesse. Il appuie sur le bouton pour l'arrêt et se lève, par courtoisie dit au revoir à la vieille dame. Il descend rapidement du bus et marche très vite en direction de son domicile voulant occulter de sa mémoire cette horrible journée.

∘∘∘∘∘

Le salon de l'appartement de Georges est grand, sa tante adore les tableaux indiens, l'un représente des villageois tamouls et l'autre des pêcheurs du Cap Coramandel. Une odeur d'encens embaume l'endroit, elle provient du canapé, recouvert d'une étoffe décorée d'éléphants. A l'intérieur vitré du living, on aperçoit des statues de divinité comme Ganesh, le dieu à tête d'éléphant, Hanuman le singe du récit divin et Bhrama le créateur. La statuette du Taj Mahal est petite mais bien visible malgré sa taille. La famille est très pieuse, dans un coin du salon trônent une statue de Jésus et une autre de la vierge Marie, sur les murs sont accrochés des portraits de Saint Antoine de Padoue et de Sainte Thérèse. Tante Bernardine est assise sur le canapé, en train de lire le Mahabharata, le grand récit mythologique hindou. Gérard, à ses côtés, suit avec attention le débat parlementaire à la télévision. Elle interrompt sa lecture, regarde le jeune homme et l'interroge sur la réalité de son intérêt par rapport à la politique. Bernardine encourage Gérard à être le futur Député ou Sénateur de La Réunion. Gérard veut être un homme politique en métropole. La politique est essentielle dans la vie, elle décide des grandes orientations sociales, économiques et écologiques lui répond Gérard. Il ajoute que, même si au Parlement National, la diversité est peu représentée, il est prêt à aller au bout de ses convictions et à se présenter aux élections législatives ou sénatoriales. Il est nécessaire de tout changer et Gérard y est tout à fait déterminé. Sa tante insiste sur le fait que dans ce pays, les portes ne s'ouvriront pas en politique pour les personnes des Dom Tom et des français d'origines étrangères. Gérard admet qu'il y aura des difficultés pour ces personnes

21

à accéder dans la *haute sphère politique. Il pense que les minorités ne doivent pas baisser les bras et* avec le temps, les mentalités évolueront comme dans d'autres pays. Bernardine, éblouie par son optimiste, lui adresse un sourire néanmoins forcé. Elle pense que le petit a une vision utopique de la politique en France. Avec le temps il apprendra à connaître ce pays et finira par se faire une raison. Elle n'a pas envie de le décourager ou de briser son rêve.

Quelques mois plus tard, Gérard franchit le seuil du bureau local du parti Mouvement Progressiste. Des anciennes affiches présidentielles et municipales sont sur le mur devant le bureau. A gauche de l'entrée se trouve une table rectangulaire où trainent une pile de tracts sur le pouvoir d'achat et des journaux du parti, un livre en présentation. Les militants et sympathisants du M.P. peuvent acheter l'ouvrage *Un projet pour demain* de Marcel Ramette, le secrétaire nationale, député maire de Lille. Une femme brune d'une trentaine d'année l'accueille. Ils se saluent, le jeune veut adhérer au parti, il se présente à la jeune femme. Gérard Rayapa vingt ans, étudiant aux arts et métiers et il était membre de la jeunesse du mouvement progressiste. A son tour la jeune femme se présente. Jocelyne Oiseau, employée à la poste et conseillère municipale. L'élue est contente que Gérard adhère, elle constate amèrement que la jeunesse se désintéresse de la politique. Gérard sera le benjamin du parti à Colvert. La jeune femme prend une fiche d'adhésion qu'elle commence à remplir et donne des explications administratives. En tant qu'étudiant, Gérard peut payer sa cotisation selon ses moyens. Il a la possibilité de régler en chèque, espèces ou par prélèvement automatique, Gérard préfère la troisième option. Son oncle et sa tante lui ont ouvert un compte, ils lui versent 200 euros par mois. Son père et sa mère l'aident aussi financièrement.
Jocelyne lui demande de s'assoir et de compléter la fiche d'adhésion. Le

jeune homme s'exécute. Ensuite, les jeunes gens continuent à faire connaissance. Ils se saluent. Gérard est enchanté de connaître l'élue, elle lui a l'air sympathique. Ils se pressent de rentrer à la maison pour étudier. Une fois par mois, il y aura une réunion, la semaine prochaine aura lieu la réunion de Novembre. Il recevra une convocation sur la réunion. La vie militantisme manque à Gérard, il est content de reprendre son engagement politique. Il est difficile de militer et d'avoir un travail, de s'occuper de sa famille. Mais pour Gérard tout est possible avec une bonne organisation.

ooooo

Dans la nuit, Gérard marche vers la salle de réunion. Près de la mairie, deux hommes discutent en fumant. Gérard les salue. Il entre. L'assistance est nombreuse, il aperçoit Jocelyne et se dirige vers elle.
Ils s'embrassent, prennent place et attendent en bavardant. Un homme d'une soixantaine d'années, chauve, la moustache blanche, prend la parole. Gérard remarque et pense à la conversation avec Jocelyne, les jeunes ne sont pas nombreux. La jeunesse de la section actuelle est représentée uniquement par Gérard et Renée qui à vingt-trois ans. Cette réalité n'est pas seulement à Colvert mais c'est un problème au niveau national. Tous les partis sont touchés et n'ont pas de solutions pour intéresser les jeunes gens. Dans cette section l'âge moyen tourne autour de cinquante- cinq ans.

— Le débat d'aujourd'hui porte sur le droit de vote des étrangers hors communauté européenne. Comme vous le savez, notre ville compte une importante population étrangère. Je me bats pour que les étrangers aient le droit de vote aux élections municipales. Ils participent à la vie économique et sociale du

23

pays, il serait donc légitime qu'ils puissent faire entendre leur voix. Malheureusement, jusque-là tous les gouvernements confondus n'ont fait que des promesses.   Je propose que Janine anime le débat.

Un homme lève la main, Janine lui donne la parole.

— Vas- y, Julien.
— Oui, les étrangers payent des impôts comme tout le monde, oui, ils devraient pouvoir voter au niveau local et être éligibles au conseil municipal. Mais les Français qui vivent à l'étranger, hors Union européenne, n'ont pas ce droit eux, même s'ils sont installés depuis longtemps. Je n'ai rien à ajouter.

Janine relève les noms des personnes qui souhaitent intervenir.

— Vas-y, Robert.
— Avant de parler des étrangers, il faudrait s'occuper d'abord des Français, des vrais Français, si je puis m'exprimer ainsi. C'est parce qu'on ne le fait pas que le Parti national réalise des scores importants aux élections nationales et locales. Notre parti accorde trop d'importance aux immigrés. Je ne dis pas qu'il faille éluder la question, mais les problèmes d'emploi et de sécurité passent avant. C'est le chômage et l'insécurité qui engendrent le racisme et l'antagonisme, il faut donc s'y attaquer en premier lieu. Si notre parti propose des solutions concrètes à ces deux maux, les autres problèmes seront résolus.
— La parole est à Jocelyne.
— Robert, ton raisonnement est simpliste.

Robert lance un regard dur à Jocelyne qui l'ignore et poursuit :

— Je partage l'opinion de Paul. La France a spolié ses anciennes colonies et les populations ne viennent pas chez nous par amour de la France mais pour échapper à la misère qui sévit chez eux. A leur arrivée, ils pensent que leur situation va s'améliorer au pays dit des droits de l'homme. Pendant ce temps, les entreprises étrangères néo-colonialistes continuent de s'enrichir aux dépens de ces pays.
— Mais enfin, Jocelyne, la France ne peut pas accueillir toute la misère du monde, réplique Robert.

Jocelyne sourit en secouant la tête, mais garde le silence.

— A toi, Roger.
— Jocelyne, Paul, vous avez raison. La France a du retard par rapport à ses voisins européens sur la question du droit de vote des immigrés. L'ère coloniale étant passée, il est légitime qu'on leur reconnaisse les droits qu'ils réclament depuis des décennies. Notre devise « liberté, égalité, fraternité » demeure un idéal dont nous sommes à la fois garants et éloignés.

Gérard demande la parole, Janine s'adresse à lui :

— Bonsoir jeune homme, je voudrais d'abord que tu te présentes.
— Je m'appelle Gérard, j'ai dix-neuf ans et suis étudiant en prépa dans une école d'ingénieurs. Je vis à Colvert depuis un an, j'étais membre du parti à la Réunion.
— Bienvenue au parti, reprend Janine, tu as la parole.
— Je pense qu'il serait opportun, si ça n'a pas été fait, d'organiser

un référendum local sur le droit de vote des étrangers afin de connaître l'opinion de la population. A la Réunion, nous ignorons la discrimination politique. Mais ici les Français issus de l'immigration sont peu représentés au sénat ou à l'assemblée nationale. Or, la France est un pays à population vieillissante qui aura toujours besoin d'une immigration qui cotise pour les retraites. N'oublions pas en outre que les immigrés travaillent dans les secteurs très durs comme le bâtiment, le nettoyage, la voirie, la sécurité... Même les Français sans qualification ne veulent plus exercer ces emplois. Le parti national accuse les étrangers de manger le pain des Français, rappelons-nous le long passé colonialiste. Ce n'est qu'un juste retour des choses !

— Tu peux t'exprimer, Simone, dit Janine.

— La France n'est pas prête à accorder le droit de vote aux immigrés. Il faudra attendre des années. N'oublions pas que les femmes ont eu le droit de vote peu avant la libération en 1944, ce n'est pas si vieux.

Une dame noire d'un certain âge lève la main lentement. Janine l'aperçoit et lui fait signe de parler. D'abord hésitante, elle s'enhardit et déclare :

— C'est un sujet tabou, on l'évoque pendant les élections et ensuite, tout le monde oublie.

Un jeune garçon brun lève la main aussi, Janine le note.

— Vas-y, René.

— Je me demande pourquoi on ne permet pas aux étrangers de faire une demande de naturalisation, ils auraient ainsi les mêmes droits que les autres.

Jocelyne intervient :

— Il ne faut pas que la nationalité française soit un préalable pour participer à la vie locale.
— C'est un faux débat, réplique René.
— Nous allons conclure avec Paul car il se fait tard, dit Janine.
Paul Dupont prend la parole.

— Je veux tout d'abord revenir sur ce qu'a dit Julien en début de réunion, nos compatriotes de l'étranger doivent effectivement revendiquer le droit de vote dans leur pays de résidence, certains immigrés le font d'ailleurs par le biais des associations en France. L'idée d'un référendum local sur le droit de vote des étrangers est excellente. Les immigrés en France ne songent pas au retour dans leur pays d'origine dans l'immédiat, en raison de la persistance de problèmes économiques, sociaux et politiques. Je suis favorable au mandat d'élu local pour les étrangers. Nous allons mettre en place une commission sur ce sujet, les militants iront à la rencontre de la population et réaliseront un sondage. Ceux que cela intéresse prendront contact avec Jocelyne. Nous ferons le point à la prochaine réunion.
A bientôt et bonne soirée. Paul se dirige vers Gérard pour le saluer.

— Bonsoir jeune homme, alors vous êtes de la Réunion ?
— Oui, monsieur.
— Je connais bien la Réunion, mon beau-frère est réunionnais. Le parti a besoin de jeunes comme vous, vous êtes entre de bonnes mains, Jocelyne est une fille remarquable. A bientôt.

Il serre la main de Gérard et de Jocelyne puis quitte la salle.

— Il est sympathique, remarque Gérard.

— C'est notre maire, un homme simple, un ancien cheminot qui a été longtemps syndicaliste avant de militer au parti. Viens, je vais te présenter quelqu'un.

Gérard suit Jocelyne et s'approche d'un homme de taille moyenne, brun, les moustaches soigneusement taillées, élégant.

— Bonsoir, dit Roger.

Il embrasse Jocelyne et serre la main de Gérard.

— Je te présente Gérard, originaire de la Réunion, jeune adhérent, étudiant dans une école d'ingénieurs.

— Enchanté, jeune homme.

Ils échangent quelques mots en sortant. Jocelyne et Roger s'en vont ensemble. Dehors, Robert et un autre homme bavardent tout en marchant. Gérard est derrière eux, les deux hommes ne le remarquent pas.

— Tu as vu, on n'arrête pas de parler des arabes et des noirs dans ces réunions ! dit Robert.

— Tu as raison, on n'en a rien à battre, on est déjà dans la merde. Faut pas promettre du travail aux étrangers quand on en n'a déjà pas assez pour nous !

— C'est eux les responsables de l'insécurité, de la délinquance et du chômage.

Ils passent devant une cité, quatre jeunes mineurs d'origine étrangère bavardent dans le hall d'un immeuble. Robert et son compagnon les considèrent d'un air méprisant.

— Regarde, les parents s'en foutent et c'est nous les contribuables qui payons les allocations pour eux, grommelle Robert.

— Tu as raison.

Les deux hommes poursuivent leur chemin, Gérard part dans une autre direction pour rentrer chez son oncle. Il bâille, porte sa main droite à la bouche, son visage exprime la fatigue. Il arrive dans la résidence, il tâte les poches de son blouson et finit enfin par trouver le passe. Gérard ouvre la porte et la lumière s'allume automatiquement. Il prend l'ascenseur, l'appartement se situe au dixième étage, il lui arrive de monter constamment à pied mais ce soir il n'a pas le courage. Il ouvre doucement la porte, Georges et Bernardine dorment, il ne fait pas de bruit et regagne sa chambre. Il se change rapidement et se presse d'aller se coucher et ferme vite ses paupières. Quelques minutes, il ronfle tellement fort que l'appartement résonne.

ooooo

Un dimanche après-midi, le ciel est gris bien que l'été s'approche et la rue est déserte. Gérard allongé sur son lit, est plongé dans la lecture d'un ouvrage sur Gandhi. Le jeune homme n'aime pas le sport et n'a jamais pratiqué aucune discipline sérieusement hormis la marche à pied. A l'école on le surnommait « l'intello », ce garçon a toujours été studieux. Il est très matheux et aime l'histoire géographie. Son oncle fait la sieste dans la chambre. Sa tante regarde un film hindi d'Amitabh Bachhan, la star des années 1970 et 80. Le téléphone sonne dans le couloir, Gérard décroche.

— Allô.
— Bonjour Gérard, c'est Jocelyne, comment vas-tu ?
— Bien, et toi ? Je voulais sortir mais il fait un sale temps.

Jocelyne ricane.

— C'est la France.

— Oui, il faut faire avec, on n'a pas le choix.

— Gérard, je voulais te parler du référendum local, 58% des personnes sont favorables au droit de vote des étrangers.

— C'est un résultat encourageant pour la démocratie. Je peux te parler de Robert ? il est spécial, non ?

— Ah, Robert Masson, maire adjoint à la voirie.

Odieux avec les balayeurs et tous les employés communaux de la ville, il les surveille à vélo. C'est un con, je déteste ce type, il est au parti grâce à son père qui a été conseiller municipal, un homme estimé, très humain, tout le contraire de son fils quoi !

— Après la Réunion, il marchait devant moi et parlait à voix haute avec un autre homme. Il tenait un discours anti-immigrés musclé, des propos racistes, chauvins...

— Tu as découvert tout seul le personnage. J'ignore ce qu'il fait au parti, il serait mieux au Parti national.

— Tu pars à la Réunion pour les vacances ?

— Non, j'irai en décembre pour passer les fêtes en famille. Cet été, je pars à la découverte de l'Angleterre. Il paraît que c'est un pays où les populations d'origine étrangère sont mieux représentées dans la vie politique qu'en France.

— Oui, c'est une autre mentalité. Là-bas, ils fonctionnent sur le modèle communautaire.

— Et toi, tu pars où en vacances ?

— Je vais chez moi à Sète, j'espère avoir du beau temps. Bonnes vacances, on se revoit en septembre, salut bisous !

— Salut, bonnes vacances et à bientôt.

Il raccroche, retourne dans sa chambre poursuivre sa lecture. Georges se réveille et lui propose un café ou sa boisson préféré le thé Masala Chai. Son neveu souhaite plutôt boire le thé indien. Georges se sent vaseux et il va se laver le visage. Son oncle est de tempérament placide et à tendance à vivre au ralentit. En revanche sa femme est tout le contraire, entre les deux époux c'est comme le jour et la nuit. Elle ne laisse pas le temps à son de mari de sortir de la salle de bain. Elle a fini de préparer les boissons et s'apprête à déguster. Georges vient dans la cuisine et voit son épouse boire le thé, il s'amuse du comportement de sa femme.

— Arrête d'être speed comme ça.
— Je suis comme ça mon chéri, enfin chacun est comme il est.

Bernardine lui sourit, s'approche et l'embrasse sur la joue. Georges serre sa femme et l'embrasse plus amoureusement, Bernardine est surprise. Georges prend le thé et Gérard rentre dans la cuisine. Tous les trois vont boire leur Chai et discuter dans le séjour.

Ce samedi après-midi, la médiathèque de Colvert est presque vide, comme d'habitude. Jadis, les gens lisaient plus que maintenant. Pourtant c'est une très belle bibliothèque et surtout moderne. Sur une grande table sont présentées les nouveautés, une étudiante lit le résumé d'une vie éternelle et décide de l'emprunter, le dernier roman de Christophe Biron, l'auteur français le plus lu. Au milieu de la grande salle se trouve dix postes d'ordinateurs, les personnes peuvent consulter internet pour des recherches documentaires et études. Un agent est présent pour vérifier que les personnes respectent l'usage de l'internet et que certaines personnes n'abusent pas de la durée d'utilisation. Une personne peut utiliser maximum une heure, l'employé note les heures et les noms des utilisateurs sur une feuille.

Une employée cherche une biographie de Martin Luther King sur son ordinateur à l'intention d'une jeune fille. Elle se lève et se dirige vers le département Histoire, suivie de la demoiselle. Un jeune homme qui n'est autre que Gérard tient entre ses mains la préface d'une biographie de Martin Luther King. L'employée continue en vain de chercher le livre, la jeune fille attend. Gérard se tient debout juste derrière elle. La bibliothécaire l'aperçoit, feuilletant le livre qu'elle s'évertue à dénicher, elle s'adresse alors à Malika.

> — Désolée ! Voyez, Monsieur l'a emprunté. Je n'ai pas d'autre
> exemplaire.

La jeune fille un peu contrariée réplique en souriant :

> — Ce n'est pas grave, merci Madame.

Gérard lève la tête et observe les deux femmes. La bibliothécaire regagne l'accueil, Malika poursuit sa visite dans les rayonnages à la recherche d'autres ouvrages. Le jeune garçon s'approche d'elle.

> — Pardon, Mademoiselle, j'ai cru comprendre que vous cherchiez
> ce livre. Prenez-le, je dois partir, il est très intéressant.
> — Non, ce n'est pas grave, je l'emprunterai la prochaine fois.

Le jeune garçon insiste :

> — J'ai déjà lu un récit sur lui, en ce moment je lis une biographie
> de Gandhi.

Gérard lui tend le livre, elle le prend avec confusion.

> — C'est sympa, merci beaucoup.

Gérard lui lance un regard langoureux. Elle baisse la tête soudain intimidée.

> — Je vis depuis un an ici, je connais encore peu de jeunes. Mes études me prennent beaucoup de temps, mais depuis que je suis dans la politique, je commence à rencontrer du monde.
> — A quel parti politique appartenez-vous si ce n'est pas indiscret ? demande Malika.
> — Le parti Mouvement Progressiste.
> — Moi, je ne m'intéresse pas à la politique, je me consacre exclusivement à mes études, j'aimerais être enseignante.
> — C'est capital la politique, elle fait partie de notre vie. On peut faire ses études ou travailler tout en militant.

Ils se dirigent ensemble vers la sortie, Malika tend le livre à la bibliothécaire qui remplit les formalités d'emprunt.

> — Vous avez jusqu'au 25 septembre pour le rendre.

Les jeunes gens sortent.

> — Je t'invite à boire un café, histoire de terminer notre discussion, suggère Gérard.
> — Non, je dois rentrer, j'ai beaucoup de choses à faire.
> — Ce ne sera pas long, je dois rentrer moi aussi car demain je pars pour Londres, implore Gérard.

Elle finit par accepter l'invitation, quoiqu'un peu hésitant. Ils atteignent le café. Gérard pousse la porte et fait passer Malika devant lui. Un homme grand, blond et assez fort se tient derrière le comptoir. Gérard et

Malika s'assoient à une table au centre du café.

— Que désirez-vous ? demande le garçon de café.
— Qu'est-ce que tu bois ?
— Un chocolat, s'il vous plaît.
— Pour moi, ce sera un café. Merci.

L'employé s'affaire à préparer les boissons chaudes. Gérard observe un instant Malika, sourit et enfourche à nouveau son cheval de bataille :

— On a besoin des politiciens, sinon ce serait l'anarchie. En France, nous pouvons voter, nous avons le choix, c'est ça la démocratie. Certains pays vivent sous la dictature, avec candidat unique, parti unique et pensée unique ; et souvent, il n'y a même pas d'élections.

Malika écoute le jeune homme.

— Tu perds ton temps, c'est un milieu de requins. Tu n'es pas un Français de souche, pas un européen.

Gérard est choqué par cette dernière phrase.

— Je ne comprends pas !
— A l'Assemblée nationale et au Sénat, il n'y a que des autochtones, les Français d'origine étrangère sont très peu représentés, voire pas du tout. Tu ne verras jamais un maire ou un adjoint issu de l'immigration, ou alors pour la figuration. Je ne dis pas qu'ailleurs, c'est le paradis, mais en Angleterre ou aux États-Unis, c'est tout de même mieux que chez nous. Mais

je suis ridicule de parler des États-Unis, leur situation n'est pas comparable, je suis sûre qu'ils auront un jour un président noir.

Gérard réfléchit et Malika reprend.

— Je ne crois pas que l'assemblée nationale ait un jour une représentation à l'image de la France.
— Moi je suis optimiste, mais d'abord il faut s'engager. Au parti, dans la ville, nous sommes deux issus de la diversité, une antillaise, Roselyne, et moi-même. Mais elle est retraitée et elle ne milite plus beaucoup, ça se comprend. On est environ cinquante militants actifs dans la ville.

A la Réunion on trouve des élus de différentes origines raciales, sociales et religieuses. Les réunionnais peuvent pratiquer la religion de leur choix, il est vrai que l'histoire de la Réunion n'est pas celle de la métropole. Les temples hindous voisinent avec les mosquées, les temples bouddhistes, les églises de toutes les confessions et nous ignorons tout des problèmes de cohabitation. Malika loin d'être convaincue, tente de se justifier :

Je pense que c'est une utopie, les choses ne changeront pas même dans cinquante ans. Je te souhaite quand même beaucoup de courage dans ton combat.
— Ne sois pas fataliste.
— Je ne suis pas fataliste mais réaliste, c'est différent.
— J'ai besoin de ton aide et de tes connaissances.
— Je ne vois pas comment je pourrais t'aider, les gens que je connais ne s'intéressent pas à la politique, certains ne sont même pas inscrits sur les listes électorales, comme moi

d'ailleurs.

— Tu parles des pays anglophones, mais des gens se sont battus
pour acquérir leurs droits comme aux États-Unis avec des
personnages emblématiques tels que Martin Luther King,
Malcolm X, Marcus Garvey à la Jamaïque.... Ils n'ont pas
obtenu les droits civiques d'un claquement de doigt. En Inde,
Gandhi et d'autres indiens ont lutté pour l'indépendance. En
Afrique, on pourrait citer des pionniers tels que Patrice
Lumumba, Kwamé N'Krumah ou plus récemment Thomas
Sankara et Nelson Mandela. A mon retour je te raconterai mon
voyage en Grande-Bretagne.

Malika demeure stupéfaite par le discours de Gérard.

— J'admire ton courage et ta détermination, je suis désolée de ne
pas pouvoir t'aider. Merci pour le chocolat. J'ai appris beaucoup
de choses avec toi.
— Ça m'a fait plaisir, je te donne mon numéro, appelle-moi en
septembre.

Il sort son petit carnet, griffonne son nom et son numéro, déchire
soigneusement la feuille et la donne à Malika. Elle la prend avec
indifférence.

— Si tu veux me donner ton numéro, je pourrai te contacter.
— Non, je ne veux pas.
Gérard est un peu désappointé, il ne veut pas forcer la jeune fille, il sait
bien que si elle veut, elle pourra le joindre à tout moment.
Gérard et la jeune fille quittent le café. Le visage du jeune garçon est
amer.

— Ravi d'avoir fait ta connaissance, je m'appelle Gérard. Au revoir,
je vais rentrer.

— Moi, c'est Malika.

— J'espère que tu vas au moins t'inscrire sur les listes électorales.

— Je vais y réfléchir. Encore merci, bon voyage, au revoir, termine
Malika.

Gérard marche vers la mairie et la jeune fille s'engage dans la direction opposée. Il fait des grands pas pour rentrer et pense seulement à préparer sa valise. Son oncle va le déposer à la Gare du Nord à six heures. Il sera à neuf heure trente à Londres, le voyage est très rapide grâce au tunnel sous la Manche.

Un train s'arrête en gare de Waterloo, au cœur de Londres. Gérard descend valise à la main et gagne la sortie. Parmi les passagers, beaucoup sont des golden boys avec mallette. Gérard a repéré son ami d'enfance dans la foule. Il a pris du poids depuis leur dernière rencontre. Ils se serrent la main et s'étreignent. Henri Appavou est aussi d'origine indienne, un tamoul de la Réunion. Ils se connaissent depuis quinze ans environ et sont toujours restés en contact. Ce garçon a la peau très foncée et il est obèse.

— Tu n'as pas changé toi, mais moi je suis devenu un gros lard. Ici
on bouffe pas mal de cochonneries. Je suis pâtissier, ça n'aide
pas pour le régime.

Ils rigolent. Ils sortent de la gare en traînant la valise et rejoignent le parking, Henri s'arrête devant une vieille voiture, pose les affaires de Gérard dans le coffre. Ils s'installent dans le véhicule. Henri démarre.

— J'habite dans la banlieue de Londres, à Southbley, une ville avec une forte communauté indienne. Tu verras, c'est sympa.

— Le notable de la ville est un anglais de souche ?

— Non, c'est une personne d'origine indienne, un sikh et le député est sikh aussi.

— Je milite dans le Mouvement Progressiste.

— C'est vrai qu'à la Réunion, tu étais déjà très engagé. Moi, je m'intéresse à la politique mais mon travail me prend beaucoup de temps, ce n'est pas facile avec mes horaires. Ici, on trouve des personnes issues de l'immigration dans l'audiovisuel, quelques-unes en politique. Les british asians, ce sont les membres de la communauté du sous-continent indien, les blacks british, les afro-caribéens. J'oubliais de dire qu'ils sont aussi dans les affaires, surtout les asiatiques.

— Cela n'a rien à avoir avec la France.

— C'est sûr qu'ici la mentalité est différente. Tiens au fait, j'ai une amie qui est assistante parlementaire du député de la circonscription.

— Tu penses que je pourrais la rencontrer ?

— Je vais voir.

La voiture s'arrête devant une résidence. Ils pénètrent dans un petit studio, l'endroit est sympathique et bien entretenu. Henri propose une boisson chaude ou froide à son ami. Gérard n'a pas envie, il aimerait se reposer un peu. Son ami lui donne une serviette de toilette et lui indique la salle de bains. Une douche fera du bien au jeune Rayapa. En Angleterre, les loyers sont très chers par rapport à Paris, Henri gagne bien sa vie, il n'a pas envie de vivre en colocation. Gérard entre dans la salle de bains avec sa trousse de toilette et des vêtements de rechange. Il ferme la porte. Henri met un CD de Ravi Shankar, le célèbre joueur de sitar. Il s'allonge sur le canapé et flotte, bercé par cette musique traditionnelle douce et élégante. Le temps est magnifique et le ciel limpide. Henri et Gérard déambulent dans la rue commerçante de Southbley où la plupart des boutiques sont tenues par les Indiens et quelques Tamouls. On pourrait se croire à Bombay ou à Karachi. La rue est bruyante, agitée, surpeuplée. Les employés de magasins renseignent les clients, les livreurs chargent et déchargent les marchandises les plus diverses. On croise des sikhs avec leurs somptueux turbans colorés, quelques femmes sont en sari, d'autres portent le salwar kameez, une tunique indienne traditionnelle. Ils croisent une jeune femme brune, assez forte, Henri s'arrête et l'embrasse. Chacun prend de ses nouvelles. Il lui présente Gérard, son ami d'enfance, qu'il considère comme son petit frère. Les deux jeunes gens se serrent la main. Henri raconte qu'il adore la politique et il aimerait rencontrer le député. Les deux amis tombent à pic, elle déjeune avec lui au restaurant Kashmir et les invite à venir manger avec eux. Henri hésite et ne souhaite pas les déranger. Il demande seulement d'avoir un rendez-vous dans sa permanence. L'assistante parlementaire insiste et fait comprendre que c'est un homme très ouvert et sympathique. Ils finissent par accepter cette invitation. Catherine Wilson a grandi à Southbley mais elle habite vers le sud de la ville, où se trouvent d'autres communautés que la communauté indo-pakistanaise. Elle est diplômée du London School Economics, une école prestigieuse du Royaume Uni. Cette jeune femme a adhéré au Worker's party très jeune, son grand père était un ancien député de la circonscription. Elle n'a pas l'ambition d'avoir un poste, elle souhaite seulement travailler dans le milieu. Catherine est une jeune femme très cultivée et ouverte. Les trois jeunes gens poursuivent dans l'immense quartier asiatique et finissent par atteindre le restaurant indien. Le jeune député est assis au fond du restaurant en train de boire un lassi mangue, une boisson rafraîchissante à base de yaourt. Une vieille femme s'approche d'eux et les accueille. Elle reconnaît Catherine, c'est une cliente régulière. Ils s'approchent de la table, le jeune député se lève et sourit, embrasse sa collaboratrice. Catherine fait la présentation des deux jeunes gens. Elle lui parle spécialement de Gérard, lui signale qu'il est militant politique en France. L'élu salue les jeunes gens d'une vigoureuse poignée de mains et invite à prendre place. Un jeune homme athlétique s'avance pour prendre la commande. Chacun fait son choix.

> — Vous militez dans quel parti ? demande M. Singh.
> — Le Mouvement Progressiste, à la Réunion j'étais membre de la Jeunesse du parti.
> — J'ai adhéré au Worker's party à vingt-trois ans, quand j'étais à l'Université, parallèlement je militais à l'India British Connection, une association culturelle indienne, dont l'objectif était de faire découvrir la culture indienne aux autres communautés. A trente-trois ans, je suis l'un des plus jeunes élus à la Chambre des communes.

La dame apporte les boissons, un homme la suit avec les plats.

> — Vous n'avez pas rencontré d'obstacles pour parvenir à la députation du fait de vos origines indiennes ? Questionne Gérard.

Le jeune député paraît sincèrement surpris de la question.

> — Je suis né en Grande Bretagne et je connais peu l'Inde. Mes parents sont arrivés de New Delhi en 1965, certes j'ai une solide attache traditionnelle et culturelle indienne mais je suis citoyen britannique. J'ai enseigné les mathématiques pendant quatre ans dans un collège de la ville. Mon père était chauffeur de car et ma

mère travaillait dans une usine de textile. Vous savez, Gérard, la politique est un milieu où personne ne se fait de cadeaux.

Notre circonscription compte une forte population asiatique, majoritairement en provenance du sous-continent indien, mais nous avons aussi des européens et des afro-caribéens. Certains de mes compatriotes d'origine indienne ne votent pas pour moi pour des raisons strictement idéologiques. En revanche, certains Britanniques de souche comme mon assistante votent pour moi. Si vous vous investissez, que vous avez des convictions, la volonté et la capacité de le faire, vous pouvez réussir ; à mon sens, l'origine n'est pas un handicap. Beaucoup de gens se sont battus pour avoir les droits civiques, il y a eu des émeutes dans le pays. Néanmoins l'élu évoque que certains confrères d'origine indo pakistanaise ont subi des discriminations. Hari Patel a reçu des lettres anonymes, des menaces de mort. Ce jeune député a été élu au sud-ouest de l'Angleterre, sa victoire était une grande surprise. Au sein du parti, des caciques ne voulaient pas lui laisser la place. Ils pensaient que son origine serait un handicap car c'était la première fois qu'une personne non européenne était élue dans cette circonscription. Mohamed Abbas a eu les mêmes difficultés à Birmingham, malgré l'importance de l'électorat asiatique. La politique est très violente, c'est une dure réalité. Quant à Fatima Khan, célèbre avocate issue d'un milieu modeste, elle a subi le sexisme au sein-même du parti libéral. Son ami, David Brown, Député de Newcastle, membre du parti Conservateur d'origine jamaïcaine a attendu dix ans pour être élu à la chambre des communes après le décès de Sir Brian Speed. Catherine écoute, visiblement intéressée par la discussion.

— La Grande-Bretagne a connu avec ses colonies une histoire différente de celle de ses voisins européens. Les citoyens du

Commonwealth votent à toutes les élections au Royaume-Uni.

Le débat se poursuit sur ce thème jusqu'à ce qu'Henri intervienne :

— Je sais que tu as du boulot en France, mais n'abandonne pas, va au bout de ton combat.
— Je continuerai à militer en dépit des obstacles, réplique Gérard.

Le député demande l'addition, Henri porte prestement la main à la poche de sa chemise rose, mais la dame tend l'addition à monsieur Singh qui la règle aussitôt.

— Vous êtes mes invités, heureux de vous avoir rencontrés.

Les trois jeunes gens remercient M. Singh et quittent le restaurant. La jeune femme prend congé, s'éloigne d'un pas alerte et disparaît de leur vue. Le député serre la main de ses hôtes et s'adresse à Gérard :

— Surtout n'oubliez pas que si nous en sommes là aujourd'hui, c'est grâce à un combat quotidien acharné. Je compte sur vous. Et n'oubliez jamais, une démocratie n'exclut personne ! Tant qu'on est animé d'un esprit de respect et d'ouverture, penser autrement ne signifie pas être en désaccord avec le système, bien au contraire, c'est l'affaire de tous.

Le jeune parlementaire marche jusqu'à sa voiture, ouvre la portière et monte, démarre, salue une dernière fois les jeunes gens et disparaît. Les deux amis arpentent les ruelles désertes. Ils regagnent le grand boulevard Queen Mary, où l'on trouve à nouveau commerces et restaurants indiens. Une grande agence de voyage à l'angle du boulevard propose des prix alléchants pour New Delhi, Madras, Karachi ... Gérard et Henri entrent dans une boutique de musique Bollywood. Le magasin résonne de la musique bangra. Les DVD et les cassettes sont complètement en désordre. Gérard cherche avec patience un film sur une étagère blanche, en vain. Un vendeur remet de l'ordre non loin de lui, Gérard l'appelle à la rescousse. Il lui demande le DVD *Mother India* avec le célèbre acteur Sunil Dutt. L'homme cherche sur un autre rayonnage, celui des films classiques et parvient à mettre sa main sur le DVD. On montre la pochette à Gérard, le jeune est très content d'acheter ce film qu'il cherchait depuis longtemps. Gérard paye deux squid pendant qu'Henri feuillette un catalogue de films de Bollywood. Un musulman accompagné de sa fille entièrement voilée, entre dans le magasin. Seuls ses yeux sont à découvert. L'homme regarde et fouille dans le capharnaüm des CD en promotion. Henri lève la tête de son catalogue et se trouve face à la jeune fille voilée. Il la scrute intensément. Gênée, elle se retourne et spontanément se rapproche de son père. Henri ne peut s'empêcher de la dévisager et s'avance vers elle. Gérard s'apprête à quitter le magasin, mais son ami Henri dit de l'attendre un peu qu'il a envie de faire connaissance avec la demoiselle. Gérard s'affaire à regarder d'autres pochettes de films. Le père se retourne et surprend Henri en train d'observer sa fille. Il avance vers lui, soudain hargneux et agité.

— Cesse de lorgner ma fille.
— Les yeux, c'est fait pour regarder, je crois !
La tension monte d'un cran chez le père, Henri prend peur. Ses traits se durcissent, il fait signe à Gérard de se sauver.

— Désolé, frère, bonne journée et au revoir... balbutie-t-il d'une
    voix faible.

Il sort en courant du magasin. Gérard presse le pas pour le rejoindre. L'homme reste figé, l'air étonné. Il soupire enfin soulagé. Gérard réussit à rattraper son ami et il n'a pas compris la disparition rapide de son ami. Il explique en détail ce qui s'est passé dans le magasin. Henri pensait que le père allait couper sa tête. Il est essoufflé et son cœur bat la chamade. Gérard est plié de rire, Henri se sent nerveux et il en colère envers Gérard. Il sait bien que son ami d'enfance le taquine. L'ami de Gérard reste toujours ébloui par les magnifiques yeux de la jeune femme. Soudain, Henri change de conversation, il parle de sa passion la cuisine. Il est 19 heures, son estomac commence à faire du bruit. Il propose à Gérard d'aller manger dans un restaurant à 10 minutes d'ici. Il sait que son ami est un grand mangeur. Ils continuent de marcher dans l'immense Indiatown, le quartier reste toujours animé et vivant. Ils traversent la rue et se dirigent vers le restaurant Bombay. Henri pousse la porte et cède le passage à son ami. Sur le mur se dresse une belle et immense carte de l'Inde et ainsi qu'un tableau en soie de Krishna et Radha. Le patron du restaurant met un cd de Mohammed Rafi et de Lata Mangeshkar, ce sont des grands artistes des années soixante-dix et quatre-vingts. Une jeune fille les accueille.

— Vous pouvez vous asseoir ici.
Elle est belle, svelte, rayonnante, avec ses longs cheveux noirs. Elle ressemble à un top model. Gérard et Henri s'assoient. Ils sont les premiers clients du restaurant. La jeune fille leur tend la carte.
— J'adore ce quartier, on y rencontre de belles filles, surtout des Indiennes.
— Oui, c'est vrai qu'elles sont très belles, renchérit Gérard.

La serveuse s'approche d'eux :

— Vous avez choisi ?

— Un biryani au poulet et un lassi nature s'il vous plaît ! dit Gérard.

C'est au tour d'Henri, il fixe longuement la serveuse et passe sa commande :

— Deux assiettes de biryani à l'agneau, deux nan fromage, un poulet tandoori et un lassi mangue pour finir, s'il vous plaît !

La jeune fille esquisse un sourire et prend la commande. Gérard se moque de son ami.

— C'est ça ton régime ? Au déjeuner avec le député, tu as mangé normalement.

— Ce qui est bon dans la vie, c'est la bouffe. Le député et Catherine, je ne les connais pas assez pour me laisser aller, et pourtant crois-moi j'avais faim, mais je soigne mon image !

La fille regarde Henri et pouffe de rire, ce dernier se sent soudain nerveux :

— Elle commence à se fiche de ma gueule celle-là !

La jeune fille lance une œillade à Henri. Il retrouve son sourire et se détend un peu, hâbleur, il hausse les épaules et répond au clin d'œil de la serveuse. Elle revient avec les plats.

— Voici les 3 assiettes de biryani à l'agneau.

Gérard déguste. Henri mange goulûment, comme affamé.

— Hum, c'est délicieux !
— Doucement ! Tu es en repos, prends ton temps !

Henri ignore la remarque de Gérard et réplique gourmand :

— J'avais faim !
La serveuse apporte les nans et le tandoori.

— Merci mademoiselle, vous êtes très belle, dit Henri.
— Merci, dit la jeune femme.

Gérard regarde son ami avec étonnement :

— Eh bien !   Tu as de l'appétit.
— J'aime la cuisine indienne.

Le restaurant se remplit peu à peu. Arrive une famille de huit enfants suivis d'un jeune couple mixte, qui choisit discrètement un coin isolé. La fille garde toujours un œil sur Henri, elle rit sous cape, tente de se retenir en serrant les dents. Henri demande la carte des desserts

— Gérard, tu prends un dessert, un thé, un café ?
— Non merci, ça ira.

Henri appelle la jeune fille d'un geste de la main droite.

— Je voudrais un rassmalai, s'il vous plaît.

La jeune fille apporte le dessert à Henri, un entremet à base de lait. Henri mange avec avidité.

— C'est sucré, mais c'est bon.
— Quelle est la suite de ton programme ?
— Je te montre encore un peu le quartier puis on peut faire un tour au bowling, c'est sympa !
— Il n'est pas tard et je suis en vacances pour deux semaines.
— OK, dit Gérard.

Henri demande l'addition à la jeune femme. Elle calcule rapidement et s'approche de lui.

— Voici l'addition et mon numéro de téléphone, j'aimerais faire plus ample connaissance, je vous trouve très drôle. Je n'ai pas compté le dessert déclare-t-elle, clin d'œil à l'appui.
— Je vous remercie pour le rassmalai. Drôle ? Je n'ai pourtant pas une tête de clown !

La jeune fille se rembrunit et déclare d'une voix cassée :
— Ne le prenez pas mal, vous avez beaucoup de charme, j'aimerais être votre amie et pourquoi pas.

Henri pique un fard, règle l'addition et laisse sa carte de visite à la jeune fille. Gérard observe la scène, amusé.

— C'est bien, tu viens peut-être de trouver ta moitié.
Henri fanfaronne :

— Moitié, je ne sais pas mais copine, sûrement !

La serveuse à ces mots lance un dernier clin d'œil appuyé à Henri. Tandis que Gérard sort du restaurant, Henri dépose un baiser sur la joue gauche de la fille qui lui répond par un sourire.

— J'espère te revoir bientôt.
— Appelle-moi, on va se revoir.

Il rejoint son ami qui l'attend à l'extérieur. Le visage d'Henri respire la gaîté. Le compagnon de Gérard était toujours complexé par son poids depuis son enfance mais c'est un véritable charmeur et l'humour est une de ses qualités. Un vent léger souffle sur le quartier de Westminster. Gérard admire Big Ben, la fameuse tour d'horloge londonienne. Henri enjoint un passant de les prendre en photo. Les deux amis se tiennent par l'épaule affichant un large sourire. L'homme immortalise l'instant, les jeunes gens le remercient. Ils marchent quelques instants et parviennent au pont de Westminster. Ils s'attardent à regarder la Tamise et ses bateaux.

— Du pont, nous avons une vue panoramique de Big Ben, marmonne Henri. C'est dommage que nous ne puissions pas visiter le parlement, il faut être britannique et avoir une autorisation.
— Ce n'est pas grave. Il y a sûrement encore beaucoup à visiter, non ? demande Gérard.
— La cathédrale Saint-Paul, le Tower Bridge, Buckingham Palace et j'en passe. Aujourd'hui, la cathédrale, demain le Tower Bridge et le palais de la famille royale.
— D'accord, tu es mon guide.
— J'ai envie d'une bière, dit Henri, je connais un pub irlandais pas très loin, on peut aller si tu veux.
— Je ne suis pas trop branché alcool mais bon, je prendrai un jus de fruit ou un soda. C'est parti !

Ils franchissent le pont, parcourent quelques mètres et arrivent dans le bar. C'est un lieu animé, fréquenté majoritairement par les jeunes. Ils s'assoient et un jeune garçon s'approche d'eux. Henri commande les boissons. Quelques clients suivent le match de football comptant pour le championnat d'Angleterre, deux grands clubs de l'élite, Arsenal et Manchester United s'opposent. Les gens discutent de tout et de rien. Les habitués payent leurs tournées. Le barman apporte un grand pichet d'une bière irlandaise et un jus d'orange.

ooooo

— On ne s'ennuie pas ici. Je voudrais aller en boîte, ça te dit ?

— Oui, répond Gérard d'un ton dénué d'enthousiasme.

— Tu n'as pas l'air emballé, mon ami, il y aura pourtant de superbes créatures. D'ailleurs, as-tu revu Anouchka, la jeune demoiselle du restaurant indien, il y a deux semaines ?

— Oui, je l'ai souvent au téléphone. En ce moment elle travaille dans le restaurant de ses parents, elle est très occupée. Tu sais, mon pote, je suis sûr que tu vas trouver une belle fille ce soir au Bhârat Disco.

— Je ne vois pas l'intérêt, dans deux semaines je serai en France.

— Tu peux t'amuser un peu, arrête d'être toujours aussi sérieux.

— J'en ai bien profité des belles filles à la Réunion. Maintenant je cherche autre chose.

— Tu a la possibilité de tirer ton coup ce soir et tu veux rater ça ?

— A Colvert, j'ai rencontré une fille charmante à la bibliothèque, j'ai eu le coup de foudre pour Malika.

— Alors, tu as réussi à sortir avec cette fille ? Ou au moins tu lui as demandé ?

— Je ne sais même pas si elle est libre. Je ne pense pas.

— Ce n'est pas bon mon ami d'être ainsi dans le doute. Si elle te dit oui, tant mieux, sinon, ce n'est pas grave.

— Ce n'est pas facile, elle est très réservée.

— Quand tu rentres à Paris, dépêche-toi de lui dire que tu as le béguin pour elle, les femmes sont compliquées.

— Je ne vais pas me prendre la tête pour cette fille, certes elle me plaît, mais si je n'arrive pas à sortir avec elle, je n'en mourrai pas.

— Bien sûr que non, ce ne sont pas les femmes qui manquent dans le monde.

Soudain, certains supporters d'Arsenal hurlent de joie et applaudissent le magnifique but de la tête du néerlandais Dennis Bergkamp. Henri commence à s'intéresser au match, il ne reste plus que dix minutes de jeu. Son copain est dans la lune, il rêvasse de la ravissante Malika. Les deux camarades terminent leur verre et sortent de l'établissement pour poursuivre leur découverte de Londres. Gérard contemple les doubles bus rouges. Le ciel est gris, il est très rare de voir du beau temps dans ce pays. Beaucoup de gens apprécient la vie à Londres malgré que la vie soit plus chère qu'ailleurs. Les touristes comme à Paris viennent des quatre coins du monde. La soirée arrivait, Henri forçait son ami à venir à la discothèque où attendait sa copine Anoushka. Gérard n'était pas très enthousiaste mais il décidait d'accompagner son ami pour lui faire plaisir. Il décida de serrer la main de la complice d'Henri. Ce dernier embrassait amoureusement sa campagne. Dans cet établissement, la clientèle était principalement indienne. La musique était du bhangra originaire du Pendjab. Les deux amoureux s'éloignèrent pour danser. Gérard se retrouvait solitaire, il allait au bar pour boire une limonade. A côté de lui se trouvait une fille, il lui souriait et elle lui répondait. Ils faisaient connaissance gentiment et firent quelques danses ensemble.

Mais pour lui l'aventure en resta là.   La soirée se terminait et tout le monde rentrait chez soi.

Les deux semaines sont passées trop vite. Ce vendredi soir, les Français rentrent à Paris, comme souvent le week-end. Certains Anglais aiment aussi se rendre dans la plus belle ville du monde. Gérard et Henri sont à la gare de Waterloo. Ils consultent le panneau d'affichage, se pressent vers la voie dix. Gérard composte son billet et ils se dirigent ensemble vers la voiture sept. Gérard monte dans le train, dépose sa valise dans le compartiment et rejoint Henri resté sur le quai.   Il remercie son ami d'enfance de l'héberger pendant ce séjour. Henri était très content de la visite de Gérard, il pourra lui rendre visite quand il veut. Il pense un jour passer le week-end à Paris et rendre visite à Gérard. Il espère aussi faire la connaissance de Malika en taquinant Gérard.
Dans quelques secondes, le train va partir. Les deux amis s'étreignent avec émotion. Henri aime la vie en Angleterre, il pense définitivement vivre ici. Il aimerait que sa relation avec Anouchka puisse durer, pourquoi ne pas se marier avec elle. Son rêve d'enfance est d'être un jour à son compte. Gérard se souvenait que les parents d'Henri voulaient que leur fils fasse une carrière dans la fonction publique, comme cuisinier dans une collectivité locale. L'ami de Gérard n'a qu'un CAP de pâtissier, il n'aime pas la routine. Il a préféré prendre son destin en main, il commença le travail à l'âge de seize ans à la Réunion. Gérard monte dans le train et s'installe. A côté de lui, est assise une jeune fille blonde, au décolleté plongeant, très sexy. Henri fait un signe d'adieu et s'en va. Le train démarre. Gérard sort un paquet de chewing-gum et en propose un à la fille qui l'accepte. C'est une étudiante anglaise originaire de Birmingham qui va étudier le français pendant un an. La connaissance des langues étrangères est primordiale dans le monde du travail. La fille sort un livre en anglais sur Paris de son sac à main et se

plonge dans la lecture. Gérard scrute le paysage britannique. Peu après, il ferme les paupières. La jeune femme abandonne sa lecture et s'endort, elle aussi. Il se réveille et prend son sac et salue la demoiselle. La Gare du Nord est toujours vivante et animée. Georges était au bout du quai, il mâchait un chewing-gum. L'homme souriait en voyant son neveu. Il l'embrasse et prend de ses nouvelles. Ils sortent de la gare et marchent quelques minutes pour retrouver la voiture. Gérard racontait son séjour en Grande Bretagne tout au long du trajet. L'autoroute était fluide et ils arrivèrent rapidement à Colvert. Au moment où ils rentraient dans l'appartement, Bernardine prenait une tisane et regardait le journal. Il embrassait sa tante et racontait brièvement ses vacances. Il allait se changer et s'apprête à se coucher.

○○○○○

Un samedi soir, en sortant d'un supermarché au centre-ville de Colvert, Gérard croise Malika. La jeune fille ignore sa présence, elle marche rapidement pour tenter de l'éviter. Gérard court la rejoindre. Elle entend ses pas et se retourne brusquement et lui lance un regard noir. Le garçon reste immobile, son regard est innocent. Il s'adresse à elle d'une voix basse, Elle ricane. Il la salue et s'excuse de la déranger, il aimerait lui parler. La jeune fille s'arrête et le regarde d'une manière ironique. Elle n'a pas envie de parler de politique, pour elle c'est une perte de temps, elle n'a pas envie de gâcher le week-end. Le jeune homme lui donne un cours d'histoire, Ambroise Croizat, ministre de la sécurité sociale en 1945 et les anciens qui se sont battus pour les acquis sociaux… Malika déteste l'histoire et surtout celle de la France. Finalement, elle finit par se calmer et l'écouter.

— Écoute-moi, j'ai besoin de ton aide. Tu as certainement parmi tes connaissances des personnes qui ont des projets pour la ville ou

52

qui ont tout simplement besoin de l'aide de la mairie.

Malika l'écoute, soudain calmée.

— Mamadou, un ami, a rencontré des élus pour obtenir une salle de prière, on leur a fait des promesses il y a trois ans de cela et ils n'ont toujours rien.

Gérard sort son petit carnet, griffonne un numéro sur une feuille qu'il déchire et tend à Malika

— Je peux essayer de l'aider, dis-lui de me contacter.
— Je parie que tu ne pourras rien faire, les élus te mettront les bâtons dans les roues, rétorque Malika ironique.
— C'est un défi que tu me lances ? J'aime relever les défis. Si je réussis, tu m'aides à créer une association citoyenne dans la ville. OK

Malika rit d'un air moqueur.

— J'ai gagné d'avance.
— On verra bien, qui ne tente rien n'a rien, salut.
— Au revoir l'utopiste. La prochaine fois, essaie de redescendre sur terre et sois réaliste, finit la jeune femme.

Gérard reprend sa route. Malika continue de rire en secouant la tête, puis elle disparaît dans le supermarché.

ooooo

Un dimanche matin, Gérard sort de la grand-messe en compagnie de son oncle et de sa tante. Sur le porche de l'église, les fidèles saluent le curé. Gérard échange quelques mots avec les siens avant qu'ils ne rentrent à la maison puis il se dirige vers le marché, en direction des militants du PMP qui distribuent des tracts. Non loin, il aperçoit Jocelyne, Roger et quelques militants. Il s'approche d'eux, embrasse la jeune femme et échange une poignée de main avec les hommes. Jocelyne lui tend un paquet de tracts. Il s'éloigne de quelques mètres, suivi d'un militant et ensemble ils commencent la distribution. Jocelyne reste avec Roger tandis que deux femmes vont tracter à l'autre bout de la place. Le marché est bondé malgré le ciel bas menaçant. Les habitants de Colvert dans toute leur diversité semblent s'être donné rendez-vous. Le tract parle de l'augmentation des salaires et du Smic à 1500 euros. Certains le prennent et le lisent, d'autres l'empochent pour une lecture ultérieure, d'autres encore le refusent, beaucoup de tracts atterrissent au sol. Un homme d'une quarantaine d'années s'approche de Gérard, saisit le tract offert.

—   Bonjour, jeune homme ! Je me présente, Maurice Lechantre, conseiller municipal d'opposition.

Les deux hommes se serrent la main avec courtoisie, l'acolyte de Gérard continue de distribuer les tracts, ignorant l'élu.

— Vous pensez que c'est bien d'augmenter les salaires ? Nous vivons dans un pays d'assistés. Certains qui ne font rien s'en sortent mieux que d'autres qui travaillent. Moi, je crois qu'il faut travailler plus pour évoluer dans la société. Vous savez, mon père était ouvrier et ma mère femme au foyer. Je suis architecte et pour y arriver, j'ai travaillé dans un supermarché pour payer mes études. Une personne pauvre peut toujours gravir l'échelle sociale, j'en suis l'exemple vivant. Certains sont au chômage ou au Rmi et ils s'en sortent mieux que les salariés grâce aux aides sociales. Aux USA, pas d'assistanat ! C'est bien pour ça qu'ils sont les premiers !

— Je ne partage pas votre point de vue. Aux États-Unis, vous pouvez vous soigner et donner une bonne scolarité à vos enfants à condition d'avoir de l'argent. Je pense également que les gens ne sont pas responsables de leur pauvreté. Chaque individu a ses propres capacités, ses opportunités, sa chance, et tous les ouvriers ne peuvent pas devenir chef d'entreprise ou cadre supérieur par le fait de leur seule bonne volonté. Des gens qui ont fait des études supérieures sont parfois contraints d'exercer des professions mal payées pour survivre ou éviter le chômage. On peut avoir une très bonne situation et un jour se retrouver SDF.

— Je vois, jeune homme, qu'ils vous ont bien lavé le cerveau avec leurs idées utopiques. Peut-être qu'un jour vous nous rejoindrez. Bonne continuation et bon dimanche.

Les deux hommes se saluent. Maurice va faire son marché. Gérard reprend la distribution des tracts. Au fur à mesure du temps, la place se vide, la plupart des gens ont fini le marché. Certains commerçants commencent à ranger leur marchandise dans les navettes et camions, tandis que d'autres discutent avec les clients et ferment plus tard. Dimanche est une journée de repos, il est agréable de profiter de cet instant.

Un soir, Georges et Bernardine regardent la télévision, le téléphone sonne, Georges va décrocher et pose le combiné puis se dirige vers la chambre de Gérard. Le jeune homme lit un manuel sur les mathématiques appliquées. L'oncle dit à son neveu qu'il a un appel de Mamadou. Gérard remercie son oncle et s'en va dans le couloir. Il prend le téléphone. Il fait brièvement la connaissance de Mamadou. Ils se fixent un rendez-vous selon leur convenance, demain à dix-huit heures dans le quartier chaud du Chevreuil, Mamadou l'attendra dans le square. Gérard connait très bien la ville même s'il y vit depuis peu. Les horaires de ses cours au CNAM lui convient bien. Il faut compter à peine une heure de transport de Colvert à son école. Il raccroche le téléphone et regagne sa chambre. Il reprend son livre et continue à étudier. Il dort toujours tard et il est dynamique le matin. Son oncle lui a reproché de dormir tard, et veille sur la santé de son neveu. Le jeune Rayapa obéit à son oncle et éteint la lumière, il s'efforce de dormir malgré qu'il a du mal. Gérard regarde rarement la télé le soir, il aime lire le soir avant de se coucher. Il aime regarder à la télévision le football et il ne rate pas les matches de la France et de son club préfère Monaco. Bien évidemment, il est fidèle aussi aux magazines politiques.

Le lendemain, Gérard se trouve dans la cité du Chevreuil, un quartier populaire composé de grands blocs d'immeubles rouges, certains nomment ce quartier la cité rouge. L'architecture est laide et dépassée. Mamadou est assis sur un banc du square en compagnie d'un jeune garçon. Ils échangent une poignée de main. Il lui présente Tariq, un ami de longue date de Mamadou. Les deux jeunes demandent à Gérard de les suivre, il comprendra mieux le problème. Le réunionnais, un peu anxieux décide de partir avec eux. Ils traversent la cité et parviennent à l'entrée d'un grand immeuble. Ils empruntent des escaliers crasseux et atteignent une cave dans un état de totale insalubrité. Les murs, les portes sont couverts de graffitis, gros mots et croquis obscènes. Gérard se bouche le nez, l'odeur de l'urine est forte et remonte dans les narines. Tarik frappe à la porte d'un local, un homme ouvre la porte détériorée, on aperçoit sept jeunes musulmans qui font leur prière. Gérard est stupéfait de voir des personnes prier dans ce taudis. Mamadou et ses amis font leur prière ici depuis très longtemps. Le jeune Rayapa ne comprend pas que les élus n'ont rien fait. Pourtant les jeunes ont vu Roger Laporte, mais depuis longtemps rien ne s'est passé. Mamadou raconte que pour décrocher un rendez-vous, c'était le parcours du combattant, ils ont attendu deux mois. A l'époque, ils n'ont pas parlé de la cave, les élus auraient été capables de la condamner et ils n'auraient plus aucun lieu de prière. Gérard comprend, mais il faut dénoncer la réalité. Le jeune réunionnais est optimiste et ils vont trouver une solution à ce problème. Selon Mamadou la communauté musulmane de Colvert attend uniquement de l'aide de la municipalité ou de l'état. Gérard explique qu'en Angleterre, toutes les confessions ont leurs lieux de culte. Les gens s'organisent seuls sans l'aide des autorités. Mamadou propose d'organiser une collecte pour réunir des fonds. Gérard pense que c'est une bonne idée et propose à son tour de lancer une pétition, et ensuite ils iront voir le Maire ou son adjoint.

Une semaine plus tard, un après-midi, Gérard et ses deux amis sont à la mairie, ils ont rendez-vous avec le maire. La secrétaire les accueille et les prie de la suivre. Elle est brune, belle, charmante.

Le maire, jovial, distribue des poignées de main. Derrière la chaise du Maire, on voit un grand portrait de l'ancien président de la République François Jegou. Une belle bibliothèque, on trouve des livres de droits, des ouvrages administratifs, des biographies de Jean Jaurès, Léo Blum, Charles de Gaulle. Sur l'autre mur on aperçoit un grand portrait de Karl Marx. Ils invitent les jeunes à s'assoir. Le Maire prend des nouvelles de Gérard qui l'apprécie beaucoup et demande le motif du rendez-vous. Gérard présente Tarik et Mamadou au maire et sollicite pour Colvert un lieu de prière pour la communauté musulmane. Le notable de la ville ouvre de grands yeux, il prend soudain de la distance vis à vis de ses interlocuteurs :

— La municipalité n'a pas autorité en la matière, c'est aux associations et aux citoyens d'agir. La loi de 1905 garantit la séparation de l'Église et de l'État.

La réponse de l'élu n'impressionne guère Gérard qui poursuit :

— Vous trouvez normal que des gens prient dans les caves ?
— Comment, dans une cave, s'étonne le maire ?
— J'ai vu Tarik et d'autres prier dans les caves. Vous pouvez passer voir, dit Gérard.
— J'ai confiance en toi Gérard, il faut résoudre ce problème rapidement car les extrémistes pourraient profiter de la situation.
— Toutes les religions ont leurs extrémistes, réplique Tarik. Mais on sait très bien que les médias et certains politiques en rajoutent, surtout quand il s'agit de l'islam.
Le maire, choqué par la remarque, tente de se défendre.
— Je t'assure, jeune homme, que je ne suis pas de ceux-là. On s'est mal compris.
Gérard cherche à alléger l'atmosphère.

— Voici des pétitions, nous avons environ 300 signatures.

Le maire les dépose sur son bureau sans les examiner.

— Les rencontres avec les commerçants notamment ont permis des échanges intéressants. Certains accepteraient de verser un loyer pour avoir une salle.

Le maire félicite Gérard :

> — C'est bien mon garçon de s'intéresser aux problèmes des autres,
> je comprends ton engagement. Je passerai avec des élus à la
> cave. Nous verrons ce que nous pouvons faire.

Les amis de Gérard ont apprécié ce rendez-vous et espèrent enfin avoir une salle de prière. Le maire est une personne ouverte. Il a beaucoup voyagé et aime découvrir d'autres cultures. Il apprécie la démarche des jeunes, pour lui toute personne a le droit d'avoir la liberté de pratiquer sa religion.

Par un après-midi ensoleillé, le maire, son adjoint et quelques élus se rendent accompagnés de Gérard et de ses deux amis dans la cité du Chevreuil, précisément dans la cave incriminée. Ils ne peuvent que constater l'insalubrité des lieux. Roger Laporte promet aux jeunes de faire le nécessaire pour avoir une belle salle de prière. Mamadou remercie l'élu et lui rappelle que cette demande remonte très longtemps. Le Maire insiste que cet engagement soit tenu. La visite terminée, ils remontent au grand jour et quittent l'immeuble. Quelques habitants du quartier, à majorité africaine et maghrébine, viennent à leur rencontre. Un bref échange s'ensuit.

ooooo

Deux mois plus tard, les musulmans de Colvert ont un lieu de culte propre et correct.

Un vendredi soir, Mamadou retrouve Gérard à la Firesta, un magnifique pub au sud de Paris pour discuter. Un endroit sympathique et chaleureux. Dans ce lieu se trouve une salle de billards et de jeux vidéos, ainsi qu'un babyfoot. La clientèle est aisée, un simple jus de fruit coûte huit euros. L'établissement organise des karaokés et des petits concerts avec un menu de quarante euros par personne. Gérard aime s'évader et ne reste pas dans sa banlieue.

— Je te remercie Gérard, dit Mamadou.
— Tu n'as pas à me remercier. Tarik et toi avez pris l'initiative, je n'ai fait que vous aider. Vous voyez, il ne faut rien attendre de personne, il ne faut compter que sur ses propres forces.
— Tu as tout de même des réseaux et des connaissances.
— C'est normal, je milite dans un parti !
— Je voudrais t'aider mais je ne veux pas adhérer à un parti. Toi, tu as la niaque, tu ne baisses pas les bras.
— Cela me rassure que tu aies cette image de moi, Malika pense que je suis mythomane. Je songe à créer une association citoyenne, tu peux lui en parler. Dis-lui de me contacter. Au fait, est-ce que tu sais si elle est libre ?
— Libre ? demande Mamadou.
— Enfin, est-ce qu'elle a un petit ami ? Je la trouve charmante.
— Je la connais bien, et sa famille aussi, elle est traditionnelle, pratiquante et seule depuis que je la connais ; il me semble qu'elle n'a jamais eu de petit copain. J'ai fait toute ma scolarité avec elle.

Elle est gentille, Malika, mais comme beaucoup de jeunes des quartiers populaires, elle ne croit pas en la politique. J'en fais partie moi aussi.

— Je suis sûr que je parviendrai à vous convaincre. Es-tu inscrit sur les listes électorales ?

— Non.

— Alors, commence par faire la démarche à la mairie. Ensuite on verra.

— D'accord, pas de problème.

Deux jours plus tard, le jeune Mamadou rencontre Malika en bas de son immeuble, ils s'embrassent et Malika interroge son ami, amusée.

— Alors tu l'as rencontré Gandhi, il t'a aidé ? ajoute-t-elle en ricanant.

Mamadou la regarde, très sérieux.

— Oui, Gérard est très gentil, il nous a aidés à obtenir un lieu de prière. Quelle étrange idée tu te fais de lui ! Lui, j'ai l'impression qu'il en pince pour toi.

— Quoi ? Gandhi, amoureux d'une musulmane ?

— Il est cultivé, intelligent, c'est un type bien, à l'esprit très ouvert. Je pense que vous iriez bien ensemble.

— En tout cas, il est mignon et m'a l'air effectivement très agréable.

— Alors ne perds pas de temps, contacte-le et discute avec lui, puis tu verras.

— C'est prévu ; je suis bien obligée de le revoir puisqu'il a relevé le défi ! je l'ai sous-estimé.

Vendredi après-midi, il fait beau dans le parc municipal de Colvert. Des familles, des couples, des amoureux se promènent. Les enfants s'amusent sur la jolie pelouse bien entretenue. Des adolescents jouent au foot ou au badminton. Gérard est en train de scruter le fond d'un petit bassin, où nagent toutes sortes de poissons bariolés. Un peu plus loin, dans un très grand bassin, on voit des cygnes glisser et des canards plonger. Malika a fière allure, elle s'approche de Gérard, sourire aux lèvres. Ils s'embrassent. Les deux jeunes se sourient et se lancent un bref regard alangui. Tout à coup, le visage de Malika se ferme, le jeune garçon s'étonne de cette soudaine transformation. Elle lui présente des excuses sur son mauvais jugement et regrette ses sarcasmes. Gérard s'approche d'elle et lui prend la main droite, la serre délicatement. Il est heureux que la jeune femme ait changé et qu'enfin elle le comprenne. Le jeune homme veut monter une association. Malika veut bien en parler à ses amis et l'aider. Ils marchent vers un banc situé à l'autre bout du parc, près de la grande cage aux perroquets. Ils s'assoient. Un long silence fait durer l'attente de Malika. Elle attend qu'il prenne la parole, lui maladroit n'ose se lancer. Elle brise alors le silence avec un « qu'est-ce que tu voulais me dire ? », qui se veut désinvolte. Il ne va pas tourner autour du pot et lui dit qu'il aimerait sortir avec elle. La jeune fille, bouleversée, sourit à ces paroles. Elle le regarde silencieuse, il poursuit :

— Malika, tu peux m'ouvrir ton cœur. Je serai alors fixé sur notre relation. J'aimerais au moins qu'on reste amis.
— J'ai vingt ans, je suis étudiante, dans quatre ou cinq ans j'espère me fixer, c'est essentiel pour moi. Je cherche un homme sérieux, je ne veux pas d'une histoire sans lendemain.
— Je ne suis pas un coureur de jupons et je cherche moi aussi une relation durable, pas une histoire sans lendemain.
— Je ne dis pas ça pour toi, mais les hommes sont souvent comme ça.

Gérard s'approche de Malika et l'embrasse sur la bouche avec tendresse.

La jeune fille s'abandonne.

— La confiance, c'est essentiel pour moi, tu peux me croire, dit le
jeune homme.

Malika reprend de l'assurance.

— Je parlerai de nous à mes parents.
— Je n'y vois pas d'inconvénient, répond Gérard.
— Et toi, tu vas en parler à ta famille ?
— Pas pour l'instant, on verra plus tard. Mes parents vivent à la
Réunion, ils sont très ouverts et en plus je pense qu'ils s'en
fichent.
— Ne t'inquiète pas, ma famille aussi, un jour tu pourras venir
manger à la maison, je pense que tu t'entendras bien avec mon
père, il s'intéresse à la politique même s'il ne milite pas.

Les deux amoureux se promènent main dans la main dans le beau parc
tout en discutant ; ils croisent une jeune femme noire, très belle, elle
dégage un charme irrésistible.
— Bonjour Malika, dit la jeune fille.
— Bonjour, Kala. Je te présente mon ami Gérard.
Ils s'embrassent et prennent des nouvelles. Kala abandonne les
amoureux.

Le jeune couple se dirige lentement vers la sortie du parc. Ils s'arrêtent
contempler les roses. Sortant du métro, Gérard admire la Tour Eiffel. Il
a rendez-vous avec Malika et ses amis au café Le Trocadéro non loin du
musée de la Marine au cœur de la capitale, le jeune homme aime les
endroits chics. Le quartier est très cossu et surtout touristique, tout est

cher. Malika préférait les quartiers populaires comme le dix-huitième ou le dixième arrondissement de Paris, on constate une grande différence entre eux. Malika, Mamadou, une femme et deux jeunes garçons l'attendent. Il embrasse furtivement Malika sur la bouche, un peu gêné. La jeune femme paraît quant à elle assez à l'aise. Il salue Mamadou. La jeune femme lui présente ses amis.

— Mes amis, Virgile, Philippe et Nathalie.
Il serre la main aux garçons et embrasse la fille.

— Bien, on va discuter dans le café, dit Gérard.
Ils entrent, un serveur les accueille :

— Vous êtes six, installez-vous ici.
Ils prennent place autour de la grande table en triangle et passent la commande.

— Nous pouvons commencer la discussion, dit Malika.
— Mon voyage en Angleterre s'est bien passé. J'ai beaucoup aimé ce pays.
— Là-bas, intervient Mamadou, ils vivent en plein paradoxe, les politiques et les médias jouent la carte de la diversité alors que la société anglaise demeure communautaire.
— Le racisme ne fait pas obstacle à l'expression des compétences, dit Gérard. On compte quelques élus de la diversité à la Chambre des communes et des lords, beaucoup au niveau local. Là-bas, l'origine ne pénalise pas les individus. Ceci dit, ce n'est pas la terre promise.
— J'ai vécu un an à Bradford, réplique Philippe. J'ai le souvenir que beaucoup d'étrangers ne parlaient pas correctement l'anglais.

— C'est vrai, reprend Gérard, et pourtant certains y vivent depuis de nombreuses d'années.

— Tu sais, je suis institutrice, dit Nathalie, je rencontre souvent des parents qui s'expriment mal en français, ce n'est pas spécifique à l'Angleterre.

Gérard écoute et réagit.

— En Grande-Bretagne, c'est une ségrégation raciale, ici elle est sociale. En France, la classe défavorisée est composée des personnes issues de l'immigration et des étrangers en général.

— Social, racial, intervient Malika, je ne suis pas d'accord, les deux sont liés car la considération raciale renvoie à un jugement social. Le marché du travail programme d'avance les immigrés aux plus basses besognes, d'où l'attribution du milieu ouvrier aux maghrébins et aux africains. Qu'est-ce que tu proposes ?

— Il faut créer une association, dit Gérard.

— Quel genre d'association ? demande Mamadou.

— Une association à but politique. J'ai déjà réfléchi à un nom et aux objectifs.

— Pourquoi politique ? Questionne Nathalie. Dans ce cas, il vaut mieux adhérer à un parti.

— Je suis militant du Mouvement Progressiste, le parti compte très peu de jeunes. Les statistiques des dernières élections donnent 45 % d'abstentions aux municipales, sans compter les personnes qui ne sont pas inscrites sur les listes électorales. L'objectif est de donner le goût de la politique aux citoyens. Nous devons organiser une fois par an un grand colloque sur divers sujets avec le soutien du parti ; une amie, Jocelyne, qui est conseillère municipale est intéressée par la démarche. Il faut inciter le plus grand nombre à adhérer à notre association, un mouvement qui regroupera toutes les catégories sociales, des jeunes et des moins jeunes de différentes origines. L'association doit être un lieu d'écoute, d'échange, de convivialité, d'entraide. Cela permettra aux gens de ne plus être isolés, chacun peut tenter d'apporter son soutien ou son aide à la réalisation de projets.

— C'est vrai, reprend Malika, quand les gens sont seuls et qui plus est, en difficulté, ils ont tendance à baisser les bras, il est bon d'avoir un soutien et de l'aide.

— L'association doit fonctionner différemment d'un parti politique, dit Nathalie.

— Le plus important, c'est le respect mutuel et la solidarité entre nous, ajoute Gérard.

Le jeune réunionnais prend des notes dans son petit carnet.

— Pour commencer, il faut élaborer les statuts et les déposer à la préfecture. J'irai demain. Pour l'instant, essayons de constituer le bureau exécutif de l'association. Procédons à la répartition des postes.

Nathalie est étonnée.

— Venant de toi, elle n'est pas un peu absurde cette proposition ? Je te vois bien président, Malika secrétaire, et pour le trésorier, à vrai dire, je ne sais pas.

— Nathalie, tu pourrais être trésorière ? avance Mamadou.

— Je veux bien. Gérard tu sais, animer une association à caractère social c'est aussi faire de la politique. N'aie pas honte de prétendre au poste de président, il te revient de droit. Être conciliant en politique, ce n'est pas forcément bon, et que tu affiches une certaine fermeté et t'octroies quelque pouvoir ne fait pas de toi un dictateur en herbe. Apprends à te déculpabiliser, sinon ton discours ne sera jamais sincère. Les personnes auxquelles tu t'adresses doivent sentir qu'elles peuvent compter sur toi. C'est l'honnêteté qui doit émaner de tes paroles.

Gérard écoute sans cesser d'écrire.

— Je souhaite que l'on mette au vote. La décision doit venir de l'association et non d'une ou deux personnes.
— Ce n'est pas ce que je voulais dire, s'écrie Nathalie affolée, c'était juste une proposition, bien sûr la décision doit résulter de la consultation et être prise en commun.
— Je sais bien Nathalie. On va procéder au vote à main levée. Qui est d'accord avec la composition proposée du bureau de l'association
— Je serai président, Malika secrétaire et Nathalie trésorière. Il faudrait également un vice-président et un secrétaire-adjoint. Quelqu'un souhaite-t-il ces postes ?
— Philippe et Virgile, vous ne voulez pas ? demande Mamadou.

Virgile retourne la question à Mamadou.

— Et pourquoi pas toi ?
— Je ne peux pas, je suis très occupé avec le foot, je joue en CFA et je dois passer le BEES pour devenir entraîneur, sans compter

que je travaille comme animateur. Mais je serai membre bénévole de l'association.

— On a tous des occupations, moi je veux bien l'un ou l'autre, dit Philippe.

— Prends le poste de vice-président, tu t'exprimes mieux que moi en public, moi je suis trop réservé, répond Virgile.

— Est-ce que tout le monde est d'accord avec la composition du bureau ?

— Moi, président, Philippe vice-président, Malika secrétaire, Virgile, secrétaire-adjoint, Nathalie trésorière ?

Tous lèvent la main pour entériner ce choix.

— L'objectif de l'association est la création d'un lieu d'entraide et d'échange sur divers projets citoyens. Je m'occuperai des questions administratives. Jocelyne, une amie conseillère municipale souhaite vous rencontrer. Je la contacte et je vous tiens au courant, conclut Gérard.

Ils se lèvent, quittent le café pour regagner Colvert. Quelques jours plus tard, dans une salle municipale, Jocelyne et Madame Vallot rencontrent les membres de l'association. Ils font connaissance, chacun se présente à tour de rôle.

— Bonjour, dit l'élue, cela me fait plaisir de vous rencontrer, je me présente puis nous ferons un tour de table.

— Jocelyne Loiseau, conseillère municipale et syndicaliste, je vis à Colvert depuis 15 ans. Je suis membre du parti Mouvement Progressiste.

— Catherine Vallot, institutrice retraitée, membre du PMP. A

Colvert depuis 46 ans.

— Gérard Rayapa, vingt ans, membre du PMP, depuis un peu plus d'un an à Colvert. Je suis étudiant dans une école d'ingénieurs.

— Je m'appelle Malika, j'ai vingt ans et je suis étudiante en DEUG de droit. J'ai toujours vécu ici.

— Moi, c'est Nathalie, vingt-cinq ans, institutrice depuis 1 an, je vis à Colvert depuis 9 ans.

— Mamadou, vingt et un an, animateur en centre de loisirs. Je suis footballeur en CFA.

— Philippe, vingt-trois ans, également animateur, je travaille auprès des toxicomanes dans un institut médicalisé.

— Virgile, vingt-six ans, juriste dans un syndicat, sympathisant du PMP.

— J'ai déposé les statuts à la préfecture, dans une semaine notre association existera, reprend Gérard. D'autres idées ou projets ?

— J'ai une amie qui travaille en mairie. Dans sa ville, ils ont instauré le SEL, dit Nathalie.

— Qu'est-ce que le SEL ? interroge Gérard

— C'est le « Système d'échange local », explique Nathalie, cela permet de partager des connaissances ou des savoir-faire ; un exemple, tu donnes des cours d'anglais à une personne qui en retour t'apprendra à jouer du piano.

— Intéressant, rétorque Malika.

— Nathalie, tu rassembles toutes les informations auprès de ton amie et tu nous fais un rapport, suggère Gérard. On pourra en parler à Madame Le Reste qui nous reçoit le 10 mai à 16 heures, que chacun essaye de venir en fonction de ses disponibilités.

— Je vois, intervient Jocelyne, qu'un petit noyau commence à lancer des projets concrets pour la commune. Félicitations.

— C'est bien ce que vous faites, les jeunes, ajoute Madame Vallot d'une voix molle, l'avenir est entre vos mains. Je pourrais être bénévole dans votre association.

— Avec plaisir, Madame Vallot, affirme Malika, nous aurons besoin de vous.

La personne âgée sourit.

— Cette association va me donner de l'occupation. Je m'ennuie beaucoup depuis le décès de mon mari. J'aime assister les gens et je pourrais aider aux devoirs, il faut d'abord voir s'il y a un réel besoin.
— Il existe déjà des structures municipales, dit Jocelyne, qui s'occupent de l'aide aux devoirs mais je sais que le week-end, tout est fermé, on peut y réfléchir.
— Une ou deux personnes peuvent à tour de rôle donner un coup de main le week-end, reprend Gérard ; deux heures de 10h à 12h par exemple.
— Bonne idée, dit Nathalie, cela nous permettra d'aider tout en conservant presque tout le week-end.
— Avant les vacances scolaires, il faut organiser un débat sur le droit de vote des étrangers et sur la représentation de la diversité, cela permettra de faire connaître l'association. J'ai déjà pris contact avec deux personnes, un élu de la ville issu de la diversité, Stéphane Avril et une sociologue Muriel Catherine qui a écrit un ouvrage intitulé *Vive la République* que je vous invite à lire. Il nous reste un peu plus de deux mois.
— Tu es bougrement organisé, enthousiaste, entreprenant, Gérard, déclare Jocelyne ravie. Je vais réfléchir à l'organisation de ce débat, nous pourrons essayer de contacter le sénateur et d'autres personnalités.

— Je suis contente d'avoir fait votre connaissance. Bravo à Gérard et à toute l'équipe pour son engagement. J'en parlerai au maire et à d'autres élus.

Ils se lèvent et quittent la salle municipale.

ooooo

Gérard est au rendez-vous de Madame Le Reste, accompagné de ses amis. C'est une femme brune, jeune, la trentaine. Son regard et ses manières sont arrogantes. C'est le troisième Adjoint au Maire de la commune. Elle a été diplômée de l'Institut d'études politiques de Paris. A la sortie de l'école, elle a été reçue au concours d'Administratrice du Sénat. Une chaleur torride règne dans le bureau de l'adjointe à la vie associative et à la citoyenneté.

— Quelle chaleur ! Jocelyne m'a parlé de votre association, c'est une bonne idée, les jeunes. Vous aurez besoin d'une salle pour l'aide aux devoirs le samedi matin. Sinon, vous pourriez réserver la salle à la maison des associations pour vos réunions. Vous avez besoin d'autre chose ?

— Je vous remercie, Madame, répond Gérard, nous aimerions pouvoir disposer de la salle des fêtes le 25 juin pour organiser un colloque sur le droit de vote des étrangers et la représentation de la diversité dans la vie politique française.

Le visage de Madame Le Reste se tend :

— Mais enfin, vous n'avez pas d'autres sujets plus importants que ça, prenez garde au communautarisme !

Virgile jette un regard noir à l'élue et hausse la voix.

— Et l'Assemblée nationale ou le Sénat, ce n'est pas du communautarisme blanc ? C'est quoi ce discours ?

L'élue ne sait que répondre et baisse la tête. Gérard sent que l'Adjointe au Maire est mal à l'aise, il essaie d'apaiser la tension. Virgile est toujours en colère, son visage est terrifiant. Gérard lui demande de se calmer et son ami obéit. Madame Le Reste est apaisée et sourit à Gérard.

— Écoutez, Madame, dit Gérard, cette ville est composée en majorité d'une classe populaire et d'une classe moyenne, et évidement de personnes issues du métissage comme moi. Beaucoup ne s'intéressent pas à la politique et ne remplissent même pas leur devoir de citoyen. Je ne pense pas qu'il s'agisse d'un sujet secondaire.

Ne trouvant rien à répliquer, Madame Le Reste souhaite mettre fin à l'entretien au plus vite.

— Je comprends les jeunes, vous aurez la salle pour le 25 juin. Bonne continuation. Au revoir.

Elle les salue un à un, puis ils quittent son bureau. Ils descendent l'escalier. L'entrée principale est fermée par une immense grille. A cette heure-ci, la majorité des fonctionnaires ont terminé leur travail. Quelques cadres et élus sont encore présents. Gérard et ses amis sortent par la porte de derrière, un accès réservé au personnel communal et aux retardataires.

ooooo

Il y a foule dans la grande salle Marchand pour le colloque sur le droit de vote des étrangers. Sont invités le Maire de la ville, un Conseiller Municipal du parti Environnement, un sociologue, un sénateur du parti, un historien. Au fond de la pièce est accroché un grand portrait de Nicolas Marchand, député-maire de Colvert de 1955 à 1970, cet homme a été aussi un grand écrivain, un ancien membre de l'académie française. Sur une petite table sont présentées des pétitions pour la libération de Mamia Youssef, un journaliste noir américain innocent condamné à la peine de mort. Les élus sont étonnés de la présence des jeunes dans ce colloque, ils n'ont jamais **vu** ça. Gérard est invité par Jocelyne, à prendre la parole pour introduire le débat. Personne ne semble vouloir se lancer. Il décide de commencer son discours et demande à tous les membres d'être sur l'estrade.

— Bonjour à tous, commence Gérard, je vous remercie de votre présence. Nous avons créé avec mes amis une association que beaucoup de personnes connaissent déjà bien. Au départ, nous n'étions que six membres, aujourd'hui nous comptons vingt adhérents. Je remercie tous les bénévoles car sans eux, l'association n'existerait pas. Nous avons invité des personnalités pour le débat de ce soir qui portera sur le droit de vote des étrangers et sur la diversité politique. Nombreuses sont les personnes qui ont le droit de vote mais ne sont pas inscrites sur les listes électorales. Je les encourage vivement à participer à d'autres débats comme celui de ce soir. Les droits civiques, c'est par le combat que nous les obtiendrons. Beaucoup d'étrangers vivent en France depuis longtemps, ils payent des impôts, participent à la vie sociale et économique du pays, ils doivent

73

avoir le droit de vote. Je sais que bon nombre d'entre eux ne retourneront pas dans leur pays à cause des guerres civiles, des dictatures qui y règnent avec leur cortège de misères. Ces pays sont indépendants dans les textes, mais dans la réalité, les multinationales étrangères s'enrichissent sur leur misère. Alors, n'allons pas croire que les immigrés viennent en France pour la Tour Eiffel. Ici, nous avons la liberté de penser, et surtout nous sommes le pays des droits de l'Homme. Enfants issus de l'immigration, nous sommes considérés encore comme des étrangers, malgré une histoire commune avec la France, nous sommes confrontés aux mêmes difficultés de travail, de logement... Le spectre du colonialisme continuera de planer tant que l'on sous-estimera le potentiel des générations de demain issues de l'immigration. C'est de l'énergie gâchée que de les faire migrer de leur pays et de les contraindre à un avenir sans réelle évolution sociale et professionnelle. Il n'est pas de sot métier, dit l'adage, mais qui les a remerciés pour les services rendus lors des deux grandes guerres mondiales et de la reconstruction de l'Europe ? Les bidonvilles de banlieue parisienne, de Marseille et d'ailleurs n'étaient pas des terres d'accueil. Sans doute, les gouvernements passés ressentent-ils de la honte qu'ils transforment en une fierté mal placée, un désir non avoué mais réel de la nier. Ce que l'on appelle l'exception française trouve sa fierté dans la représentation des valeurs républicaines et démocratiques de notre pays. Cette vieille hypocrisie gangrène la génération de demain et nous également, les français de quelques générations et ceux de toujours qui avons été éduqués ensemble à l'école, qui avons déjà fait et continuerons de faire la France de demain. A éducation égale, chances égales. Notre combat profitera à nos enfants et petits-enfants. Nous serons désormais acteurs de la vie politique et non plus spectateurs. Je vous remercie de votre attention. Le débat peut maintenant commencer.

L'auditoire, plein d'admiration, applaudit le jeune orateur. Les personnalités sont invitées à prendre la parole.

— La municipalité et la majorité de la population se sont prononcées en faveur du droit de vote des étrangers selon notre référendum local, déclare le maire de Colvert. Il faut continuer ce combat malgré les difficultés qui nous attendent. Je sais que dans l'avenir la diversité existera au parlement mais cela passe par l'engagement dans la vie politique des populations issues de l'immigration.

Un homme d'une quarantaine d'années, des lunettes d'intellectuel sur le nez, prend le micro.

— Je me présente, Arthur Legras, historien et universitaire. Je suis d'avis que les immigrés doivent pouvoir voter aux municipales et pourquoi pas être élus localement. Le problème est que cela suppose une révision de la Constitution. En effet, les conseillers municipaux font partie des grands électeurs, ils votent aux sénatoriales. C'est tout de même un poste très important dans la vie politique française !

L'homme passe le micro au sénateur, un homme bien connu dans le paysage politique français, qui fut ministre de la Santé sous le gouvernement Chapuis dans les années 1980.

— Un Français qui vit à l'étranger ne peut pas voter dans son pays de résidence, sauf, je le précise, à acquérir la nationalité du pays. Si les étrangers veulent voter, qu'ils optent pour la nationalité française ! Quant à la diversité, il faut que les personnes concernées s'investissent davantage, je partage l'opinion du maire.

Une jeune femme blonde, la quarantaine, se lève et demande le micro.

— Je me présente, Muriel Catherine, sociologue et universitaire. Au niveau syndical, nous avons peu d'adhérents étrangers issus de l'immigration, et ne parlons pas de leaders symboliques quasiment inexistants. D'autres jeunes doivent prendre exemple sur Gérard, ce ne peut qu'être bénéfique pour l'avenir.

Un homme noir d'une quarantaine d'année, avec une boucle soigneusement taillée intervient à son tour.

— Je me présente, Stéphane Avril, conseiller municipal. J'espère que la France d'en bas ressemblera un jour à la France d'en haut. J'encourage les jeunes comme Gérard à se battre pour ce changement politique. Notre parti est en faveur du droit de vote des étrangers au niveau local. Je suis d'origine antillaise, j'espère qu'il y aura plus d'élus de la diversité, à Colvert pour commencer. Aujourd'hui, nous ne sommes que deux, M. Kader Lazi dans l'opposition et moi-même.

Malgré l'heure tardive, tout le monde a suivi le débat jusqu'à la fin. Les invités, Gérard et les organisateurs sont applaudis. Au fond de la salle, une table est dressée. Jocelyne remercie les personnes et les invite à poursuivre la discussion autour d'un verre. Les gens se dirigent à l'arrière de la grande salle. Certains vont à la rencontre des personnalités pour discuter. Gérard et ses amis assurent le service. La majorité d'entre eux profite du magnifique buffet et déguste à volonté les différents toasts mis à leur disposition et quelques personnes boivent du jus et du cidre. Tout le monde est ravi de ce colloque qui est réellement un très grand succès.

Deux mois plus tard, Robert Masson et René Modeste se trouvent en compagnie de Virgile et Philippe dans un bistrot calme et éloigné du centre-ville. Les deux hommes sont jaloux des initiatives de Gérard Rayapa. Ils cherchent par tous les moyens de le mettre en difficulté au sein de son association et son engagement en politique. L'élu a une idée depuis très longtemps, il veut créer la zizanie dans le clan de Gérard. Virgile ne comprend pas très bien cette rencontre avec Masson, il pensait seulement que René était intéressé pour adhérer à l'association, il est impatient de connaître le motif de ce rendez-vous.

> — Alors vous voulez toujours être de bons soldats. Votre patron est président de l'association, c'est même l'unique porte-parole du mouvement dans la ville, dit Robert.
> — Oui c'est vrai, poursuit René, quand on parle de « Tous Citoyens de Colvert », les personnes ne connaissent que Gérard Rayapa. A l'avenir, je pense même qu'il aura un poste d'élu au conseil municipal.
> — Et vous deux, dit Robert, vous serez ses larbins…

Virgile s'énerve.

> — Où est le problème ? Gérard est une personne de convictions qui défend une bonne cause, la représentation de la diversité.

— C'est juste un prétexte pour avoir un poste, réplique René.

Philippe intervient et s'adressant aux deux hommes :

— Pourquoi voulez-vous nous rencontrer si c'est pour nous faire perdre notre temps ?
— Nous vous proposons de travailler avec nous, là vous serez récompensés, dit Robert.

Récompensés ? demande Virgile.

— Vous aurez des responsabilités au niveau de la commune, un poste d'encadrement à la mairie, pourquoi pas un poste d'élu, poursuit René. Si vous avez besoin, n'hésitez pas à nous demander. Au moins avec nous, vous aurez un retour sur efforts.
— Nous n'avons besoin de rien, répond Virgile, nous avons une situation stable.
— Vous ne pouvez pas affirmer que vous n'aurez jamais besoin de rien, rétorque Robert. Maintenant, vous avez les cartes en main, à vous de jouer. Je vous le promets, vous aurez tout ce que vous voudrez quand je serai Maire de cette ville.
— Vous aussi, dit Philippe, seul le pouvoir vous intéresse.
— Il faut avoir le pouvoir pour faire changer les choses, sinon c'est impossible, se justifie René. Enfin, on vous laisse réfléchir, voici ma carte.

Philippe la prend sans enthousiasme. Virgile refuse l'offre.

— Ça ne m'intéresse pas. Je continuerai de militer dans l'association. Je ne changerai pas d'avis.

Robert fixe Virgile, l'air arrogant.

— Comme tu veux jeune homme, mais dans quelque temps tu t'en mordras les doigts, enfin c'est toi qui vois.

Virgile lui lance un regard dur :

— J'ai pris une décision, je ne retourne pas ma veste.
— Très bien, nous respectons ton choix, dit René.

Robert tape sur l'épaule de René, il lui fait comprendre de laisser tomber et surtout de ne pas les obliger à quoi que ça soit. Les deux hommes gagnent tranquillement la sortie du café. Ils sont déçus de cette rencontre. Philippe et Virgile se regardent, à son visage, le premier semble indécis.

— Philippe, ne fais pas trop attention à ces imbéciles, ils sont malhonnêtes.
— Je ne sais pas quoi penser, ils sont malhonnêtes, mais...

Philippe ne parvient pas à terminer sa phrase. Virgile le relance.

— Finis ta phrase, tu es mon ami, fais-moi confiance.
— J'ai peur que Gérard devienne comme eux, tu sais la politique et la popularité montent à la tête.
— Je ne pense pas que Gérard soit comme les autres, je l'ai vu tout de suite ; on reconnaît une personne. Je me trompe rarement. Par contre, je peux te dire que si tu les suis ces deux-là, ils vont bien te presser et ensuite ils te jetteront comme une écorce de citron.

— Je t'assure, je ne veux pas les suivre mais j'ai besoin de faire une pause pour me remettre les idées en place.

— Comme tu veux, mais n'oublie pas Philippe que tu es vice-président de l'association.

— J'ai besoin de partir ce week-end, ça va me changer les idées et je reviendrai en forme.

Philippe garde le sourire et recommande une bière.

— Je reprends une bière, tu veux quelque chose ?

— Oui, une bière avec plaisir.

Les deux amis changent de conversation. Philippe aime les voyages et il compte partir pour les vacances au Pérou. Virgile ne change pas ses habitudes, il ira chez ses parents à Béziers. Ils finissent leur verre et sortent du café. En ce période, le temps est magnifique, les deux amis veulent profiter de faire une sortie. Philippe propose d'aller au cinéma voir le dernier film de Keanu Reeves. Virgile a envie d'aller dans le restaurant Hanoi, en plein quartier chinois, du treizième arrondissement de Paris. C'est un établissement peu onéreux avec un service à buffet à volonté.

ooooo

Gérard, Tarik et Mamadou distribuent des tracts au métro. Roger Laporte et le conseiller municipal Louis Leveille sortent du métro et aperçoivent Gérard et ses deux amis. Le jeune réunionnais aime distribuer les tracts et aime discuter avec les gens, c'est un homme de terrain. C'est la première fois que ces deux amis font du tractage. Les élus sont étonnés de voir la jeunesse militer.

— C'est bien de voir des jeunes qui militent, dit Louis, c'est la relève. C'est surtout votre avenir qui est en jeu.

— C'est notre avenir à tous qui est en jeu, rétorque Gérard. C'est le capitalisme qui détruit la société.

— C'est bien mon petit Gérard, ajoute Roger, continuez, les jeunes. Bonne soirée.

Les deux élus serrent la main aux jeunes militants puis s'éloignent. Les jeunes gens continuent de distribuer les tracts, d'aucuns les refusent, d'autres les prennent, les lisent, les jettent dans la poubelle, par terre parfois. Roger Laporte et Eric Leveille s'arrêtent à quelques mètres des jeunes, la voix de Laporte résonne dans leurs oreilles.

— J'apprécie ce jeune Gérard et Jocelyne aussi. Elle va être ravie de voir que la future liste municipale comprend plus de personnes issues de l'immigration. Je ne suis personnellement pas contre, mais la ville compte beaucoup de retraités, souvent très réticents à l'égard des arabes et des noirs, ils ne voteront pas pour nous et nous risquons de perdre la ville.

— Tu as tout à fait raison, les Français en général ne sont pas prêts pour la représentation des minorités visibles en politique.

Les deux élus reprennent la route sans prêter attention aux jeunes. Gérard et ses amis sont choqués de cette réflexion indigne.

— Tu vois, Gérard, dit Tarik, cette mentalité arriérée, elle ne changera jamais. C'est comme ça, c'est la France.

— Il vaut mieux retourner chez nous, rétorque Mamadou, ce sont tous les mêmes.

Gérard est consterné par les paroles des deux élus.

— Ne nous décourageons pas, même si j'abandonne la politique, je poursuivrai ce combat tant que je vivrai. Mamadou, la France est notre pays. Vous ferez votre choix, mes amis.

— Nous t'aiderons et nous serons toujours avec toi, répondent les deux jeunes, nous ne t'abandonnerons pas.

— Je vous remercie de votre confiance, les amis, nous avons pris une décision bonne pour le futur. Il commence à se faire tard, je crois que cela suffit pour aujourd'hui.

Les trois jeunes traversent la rue tout en continuant de discuter. En chemin, Gérard abandonne ses amis pour prendre une autre direction. Il se pose la question : Est- il fait vraiment pour la politique ? Ce jeune garçon est de nature altruiste. Toutefois son manque de fermeté, sa gentillesse et son extrême disponibilité pour tout et tout le monde sont des qualités vraiment incompatibles avec la réussite en politique. Il est vrai qu'une vie conventionnelle ne peut lui convenir. Il le sait et il a vraiment envie de s'engager d'une autre manière que dans l'appareil politique. Avec le temps peut être finira- t-il par changer son caractère. Mamadou pense que les personnes issues de l'immigration ne s'intéressent pas à la politique mais détestent les politiciens et leurs discours d'intérêts électoralistes. Gérard pense, c'est peut-être l'une des raisons que l'abstention augmente dans les élections municipales. Il songe que s'il est élu local, il sera disponible et facilement joignable.

ooooo

Une réunion d'association imprévue se passe chez Nathalie, dans sa maison familiale où elle à toujours vécue. C'est une belle et grande demeure qui appartenait à ses grands parents.

Gérard, Malika, Mamadou, Philippe, Nathalie, Tarik, Jocelyne prennent un café et discutent autour d'une table de l'avenir de l'association. Le visage des trois jeunes est accablé en pensant à la conversation de Laporte et Leveille. Gérard a toujours eu de l'estime pour le premier Adjoint au Maire mais la soirée du métro lui reste en travers de la gorge.

- Je souhaite me consacrer exclusivement aux activités associatives, c'est pourquoi je ne veux plus militer au sein d'un parti politique traditionnel, je suis déçu, je dirais même dégoûté.
- Pourquoi veux-tu abandonner ? demande Jocelyne. Au parti, beaucoup te veulent comme candidat à l'élection cantonale. Je te comprends, mais sache qu'en politique tu dois affronter les critiques, voire la méchanceté. Tu es très apprécié et tes initiatives forcent l'admiration.
- Je ne suis pas carriériste, je veux seulement que la France favorise la diversité dans la vie politique, comme à la Réunion. En métropole tous les partis sont circonspects. Je resterai toujours sympathisant du parti mais j'ai besoin de prendre du recul.

Nathalie se tourne vers Gérard :

- Je pense que l'on doit poursuivre nos activités associatives et présenter des membres de l'association sur la prochaine liste municipale du parti Mouvement Progressiste, enfin si le parti accepte.
- Je partage ton avis, Nathalie, au risque de me répéter je dirai que l'engagement associatif rejoint l'engagement politique. Il faut

que je parvienne à comprendre le comportement de certains élus et militants du parti.

— Je ne sais que te dire mais je me mets à ta place, ce n'est pas facile à digérer. Je respecte ta décision, Gérard, mais moi je n'abandonnerai pas le parti car je crois encore en ses idéaux. Je serai bénévole dans votre association. De toute façon, nous partageons globalement les mêmes valeurs. Ne jette pas l'éponge, tu es un garçon intelligent mais trop sensible.

— J'avoue ma faiblesse, avec l'expérience j'espère m'endurcir, je dois apprendre à recadrer les gens. Je resterai un compagnon de route du PMP. Je souhaite que l'association organise des débats politiques et des initiatives avec le soutien de la municipalité. Jocelyne sait bien que Gérard reviendra au sein du parti. Il a besoin de prendre du recul. Gérard sait bien qu'un individu ne peut pas se changer comme ça. Le jeune Rayapa doit être réaliste car en politique on ne peut pas faire plaisir à tout le monde. Il n'aime pas les conflits mais dans la vie politique on ne peut pas l'éviter.

ooooo

Un samedi après-midi, Gérard se trouve chez Malika en compagnie de sa famille pour le déjeuner. Malika présente son nouvel ami à ses parents. Le jeune homme entre dans le salon où toute la famille est réunie. Il semble un peu timide. Il prend place dans un fauteuil à l'invitation du père de Malika qui se montre souriant et très avenant. La mère plus réservée, retourne prestement à sa cuisine. En revanche, le père est un homme très ouvert et attentionné. Un immense tapis arabe se trouve sur le sol du salon. Sur le mur sont accrochés le portrait de Malika et de son frère Hicham ainsi qu'une grande photo de la famille.

84

Le papier peint et la moquette sont abîmés. Les meubles et le décor sont simples. Cet homme a travaillé beaucoup dans sa vie. Il a réussi à acheter une belle villa à Agadir pour terminer ses vieux jours. Il ne lui reste juste qu'un seul souci, c'est que Malika réussisse ses études et qu'elle ait une situation stable comme son frère qui est adjoint administratif au ministère de la défense. Le père est pressé de connaître le petit ami de sa fille.

— Ma fille m'a beaucoup parlé de toi, tu es originaire de l'île de la Réunion, tu ressembles à un Indien.
— Je suis d'origine indienne, mes ancêtres sont de Pondichéry, un ancien comptoir français de l'Inde. A la Réunion, on nous appelle les Malabars ou Tamouls.
— Je crois que tu es très engagé en politique, c'est bien. Grâce à toi, ma fille commence à s'y intéresser, elle s'est enfin inscrite sur les listes électorales.
— J'en suis ravi, il est vrai que j'ai eu un peu de mal à la convaincre.

Malika et sa mère mettent la table. Le père et Gérard continuent leur conversation.

— Qu'est- ce que tu fais dans la vie ?
— Je prépare les concours pour intégrer une école d'ingénieurs en mécanique.
— C'est bien, mon garçon, faire des études, c'est la seule voie pour s'en sortir.
— Oui, tout dépend du secteur d'activité, vous savez avec un CAP, on peut trouver du travail et avoir un avenir très intéressant.
— Je suis arrivé en France en 1970 à l'âge de vingt ans. Je n'avais

aucun diplôme, j'étais analphabète. J'ai travaillé comme manutentionnaire dans un entrepôt. J'ai vécu dans un foyer pour jeunes travailleurs. Au bout de quelques années, je voulais retourner au pays. Finalement, je me suis marié en 1980 et j'ai fait venir ma femme. J'ai connu le chômage, maintenant je suis éboueur à la ville de Paris.

— Mon père est un grand bavard, dit Malika, venez manger, vous discuterez après.

La mère sert le couscous, la sauce, des légumes accompagnés de poulet et de merguez odorants. Monsieur Ramzane et Gérard prennent place. Gérard savoure le fameux couscous.

— C'est délicieux, vous êtes bonne cuisinière, Madame.

La mère de Malika ne répond pas, elle mastique et avale à toute vitesse la nourriture. Puis elle se lève brusquement et regagne la cuisine. Malika et son père, que ce comportement ne surprend pas, échangent un regard en coulisse. Gérard se sent un peu mal à l'aise, car il ne s'explique pas l'attitude de madame Ramzane.

— Excuse-la, Gérard, ma mère est comme ça, avec le temps ça s'arrangera, dit Malika.

Le père ne cache pas sa colère.

— Elle est traditionnelle et obstinée, elle voulait que ses enfants épousent des personnes du pays. Son fils s'est marié avec une Française, ça ne lui a pas plu. Et maintenant, voilà que Malika est avec toi, alors ça passe mal.

— Je ne sais que répondre à cela, je désire avoir une relation
sérieuse avec votre fille, fonder une famille, être heureux.

Le père souriant tapote amicalement l'épaule de Gérard.

    — Ne t'inquiète pas, ça va s'arranger. Elle faisait la tête à mon fils,
maintenant ils viennent à la maison et elle garde souvent ma
petite-fille.
    — Tu veux goûter au thé marocain ? demande Malika.
    — Volontiers.

Ils boivent en silence.

    — Je suis ravi d'avoir fait votre connaissance, je vais rentrer.

Les deux hommes se serrent la main et Malika accompagne son ami à la
porte. Elle l'embrasse sur la joue par peur de croiser le regard de sa
mère. Le jeune apprécie d'avoir passé un bon moment avec Malika et sa
famille. Il est un peu déçu du comportement Madame Ramzane.
    — Au revoir Gérard, on s'appelle.
    — Merci pour cet excellent repas, à très bientôt.

Il pénètre dans l'ascenseur, appuie pensif sur le bouton du rez-de-
chaussée, la vieille machine descend lentement. Il est ravi d'avoir connu
les parents de Malika et il espère bien qu'un jour, la mère de Malika
l'appréciera.

ooooo

Un homme âgé retire de l'argent au distributeur de la poste et se dirige vers le supermarché situé à l'angle de la rue. Deux jeunes garçons avancent vers lui. Ils demandent 5 euros à l'homme. Le vieillard répond à voix basse qu'il ne peut pas donner. Le jeune homme le bouscule et le fait tomber. Philippe se dirige vers l'homme et l'aide à se relever. Il intervient dans l'altercation et défend le vieil homme.

— Vous n'avez pas honte d'agresser ce vieil homme ? demande Philippe d'un ton sec.
— Alors tu vas les filer ces 5 euros ? crie un des deux loustics.
— Écoutez ça suffit, si vous avez besoin d'argent, vous n'avez qu'à travailler, crie Philippe.
— Eh dis donc tu te prends pour un flic ! Occupe-toi de tes oignons.
— Justement, je vais l'appeler la police.

Philippe s'apprête à sortir son portable de sa poche. Le jeune homme s'énerve et lui donne un coup de poing. Philippe riposte en lui assénant un grand coup de pied au bas-ventre. Son copain s'énerve et assène un coup de poing à Philippe. Celui-ci tombe, les deux voyous s'enfuient. Il saigne au visage, se relève avec difficulté. Le vieil homme lui porte assistance et le remercie pour son aide. La personne âgée s'appelle Paul Richard, il a cru que sa dernière heure était arrivée. Philippe est ravi de faire sa connaissance malgré ces circonstances. Il constate que le vieil homme est blessé. Philippe sort un mouchoir en papier et essuie le visage de Paul Richard. A son tour le vieillard aperçoit que le jeune homme a une plaie au visage. Le jeune le propose d'aller à la pharmacie. Ils discutent chemin faisant. L'homme est seul et s'ennuie. Philippe parle de l'association Tous Citoyens de Colvert, et l'invite à venir à la réunion à la maison des associations ce jeudi à 20 heures. Paul est content et il promet de venir. Il a déjà lu un article dans le mensuel de la ville sur l'association. Comme Madame Valot, Paul aura beaucoup de choses à apporter dans l'association, cet homme a été un cadre à la SNCF. Les deux hommes entrent dans la pharmacie.

ooooo

Malika et Gérard regardent un film indien romanesque dans une petite salle de cinéma. Une scène émouvante du film fait pleurer Malika. Gérard lui prend sa main, elle penche sa tête sur son épaule. Il passe le bras autour de son cou. Ils s'embrassent. Malika et Gérard sortent du cinéma en se tenant par la main. Une dame âgée vend des bouquets de roses. Gérard tend un billet de 10 euros à la vieille dame. La dame souriante offre le bouquet à Malika, la jeune fille émue le prend avec délicatesse. Elle souhaite une bonne soirée aux jeunes, les amoureux la remercient et répliquent. Ils se dirigent en hâte vers la voiture. Gérard démarre et s'arrête un peu plus tard dans le parking d'un hôtel isolé, très loin de la ville. Malika se sent mal à l'aise et anxieuse. Elle lui fait comprendre qu'elle a envie de rentrer chez elle. Le jeune homme serein rassure la jeune fille en lui caressant la main de ne pas s'inquiéter. Il veut passer une soirée tranquille sans parler de politique, juste parler de tout et rien. Malika est hésitante et désemparée mais elle finit par accepter. Ils sortent de la voiture et marchent vers l'hôtel en se tenant par la main. A la belle étoile, le temps est splendide. Malika contemple les astres brillants. Le chant des grillons résonne dans le bois pas loin d'ici. Ils entrent dans l'hôtel, la jeune fille de la réception les accueille. Gérard demande une chambre juste pour la nuit. La réceptionniste consulte le cahier des réservations. La chambre 10 est libre, cela convient au jeune homme. Il sort un billet de cinquante euros et un de vingt. La dame prend l'argent et lui donne un reçu. Elle décroche la clé de la chambre n°10 dans une petite armoire en bois fixée au mur et la

89

tend à Gérard. Ils montent l'escalier et se dirigent vers la chambre. Le parquet grince sous les pas. Malika se sent de nouveau anxieuse, Gérard, naturel et décontracté ouvre la porte et fait entrer son amie. Il allume la lumière. Il se veut rassurant. Malika s'assied avec précipitation sur le lit, pensive. Gérard sourit, ferme la porte et la rejoint sur le lit.

— Est-ce que tu aimes les enfants ?
— Oui

Malika réfléchit, le visage toujours inquiet.

— Est-ce que tu as l'intention de te marier avec moi ?
— Tu es d'origine indienne et catholique, moi je suis arabe et musulmane. Tu as parlé de nous à tes proches, est-ce qu'ils vont accepter notre relation ?
— Je te répète que mes parents s'en fichent, l'essentiel est que je sois heureux.

Gérard s'approche de Malika, lui donne un baiser sur la bouche.

— Écoute Malika, avant de te fréquenter, j'ai réfléchi à toutes ces questions que tu te poses. Je connais ta famille, je voudrais avoir une relation durable avec toi, je t'aime Malika.

La jeune fille s'allonge sur les genoux de Gérard.

— Je t'aime aussi Gérard, mais je me pose des questions, par exemple comment allons-nous élever nos enfants ? Dans quelle religion ?

— Tu sais Malika, on ne choisit pas son pays, on ne choisit pas ses parents, sa religion non plus. Je suis catholique, tu es musulmane, nous avons un point commun, nous sommes tous deux les enfants de Dieu, je te livre là la pensée du Mahatma Gandhi. Tu peux élever notre enfant dans la religion musulmane, je peux l'élever dans le christianisme, ce n'est pas un problème. Il choisira le jour venu. Tes parents connaissent notre relation.

— Ce n'est pas la question, répond Malika, mes parents t'apprécient beaucoup. Tu sais que mon père est très ouvert d'esprit, il me laissera le choix, comme il l'a fait pour mon frère, mais ma mère, il lui faudra du temps. Je la connais bien, comme beaucoup de mères, elle veut le bonheur de ses enfants. Elle ne me forcera pas à épouser un homme que je n'aimerais pas, elle a déjà essayé de me présenter des fils de ses amies, mais ils ne m'intéressent pas.

— Mes parents ont eu un mariage arrangé, et ils ne sont pas malheureux pour autant, rétorque Gérard.

— Tu as raison, je me tracasse pour rien.

— Il faut être heureux. La vie est courte.

Les deux jeunes gardent le silence quelques instants. Un calme profond règne dans l'hôtel. Gérard se rapproche de Malika et pose une main sur son genou. Ils s'embrassent... Gérard éteint la lumière et ôte sa chemise. Elle se lève et se déshabille, tous les deux sont nus, ils s'enlacent et disparaissent sous les draps. Le lendemain, Gérard descend à l'accueil pour commander le petit déjeuner. Malika vient de se réveiller, elle aperçoit sur le chevet une brosse à dents neuve et un dentifrice, ainsi qu'un mot de Gérard, *fais ta toilette, je suis allé commander le petit déjeuner, bises Gérard*. Le jeune homme est de retour dans la chambre.

Malika a terminé sa toilette et elle s'est habillée. Une femme de service frappe à la porte, Gérard ouvre la porte, la femme de service apporte le plateau du petit déjeuner, le dépose sur la table ronde au milieu de la chambre et souhaite une bonne journée aux jeunes. Gérard s'assied pour déjeuner, des viennoiseries et deux petits pains, du café sont sur le plateau. Malika le rejoint. Après le petit déjeuner, Malika se sent plus anxieuse à l'idée de rentrer chez elle. Gérard la rassure : il a réfléchi beaucoup cette nuit, il est même prêt à se convertir à l'islam mais il a besoin du temps pour étudier le coran. Malika comprend que Gérard est une personne bien, mais elle a peur d'affronter sa mère. Ils descendent de la chambre et quittent l'hôtel. Gérard raccompagne Malika chez elle. La voiture s'arrête devant l'immeuble de la jeune femme. Elle regarde Gérard, elle a tellement envie de rester avec lui. Il propose à Malika de la raccompagner chez ses parents. Elle préfère se rendre seule chez elle, malgré la peur qui l'envahit. Elle embrasse Gérard et sort de la voiture, elle se dirige vers son immeuble. Elle sonne à la porte, son père ouvre la porte. L'homme avait le visage tendu, son regard inspirait la colère. Malika tremblait et se sentait terrifiée par le visage de son père, c'était la première fois qu'elle le voyait en colère. La mère se dirige vers elle et lui donne une claque sur la joue droite. Le père et le frère calment la mère. Madame Ramzane pleure et regagne la cuisine. Les deux hommes ne comprennent pas que Malika n'ait pas donné de ses nouvelles toute la nuit. Le père savait bien que sa fille était avec Gérard, il avait confiance en ce garçon et l'appréciait. Il ne lui t interdit pas de voir Gérard mais il demande de surtout prévenir au cas où elle ne pourrait pas respecter l'horaire. Le téléphone, ça existe quand même ! Malika regagne sa chambre, elle se sent un peu soulagée. Elle s'allonge sur le lit, toujours anxieuse, elle envisage de suivre à la lettre les consignes de son père. Elle a honte d'avoir perdu sa virginité et surtout de se frotter à sa mère. Madame Ramzane peut la harceler sur cette soirée avec Gérard.

Malika se sent marocaine et française, elle a une double culture. Depuis toujours elle avait envie de connaitre les premières noces avec son futur mari, mais elle n'a pu rien faire contre la tentation et surtout l'amour de Gérard. En revanche le réunionnais a bien connu quelques aventures. Mais Malika sera sa dernière conquête.

ooooo

La réunion du parti a lieu dans la salle de conférence de la mairie. Quelques cinquante personnes sont présentes. L'atmosphère est tendue à cause du choix du candidat pour l'élection cantonale. Pendant deux mois, il n'y aura pas de réunion à cause des vacances scolaires estivales. En cette période la France est morte.

— Bonjour les amis, commence Jocelyne, nous allons sans plus tarder entrer dans le vif du sujet. Le premier point de l'ordre du jour est la candidature à l'élection cantonale. Dans les sujets divers, nous aborderons la mobilisation sociale de ce mois-ci avec les enseignants et les fonctionnaires. Les français éprouvent une certaine lassitude envers le gouvernement. Qui souhaite prendre la parole ? Oui, Geneviève.

— Merci, je suis enseignante, beaucoup de mes collègues se sont mobilisés pour cette manifestation. On en a ras le bol des classes surchargées et des difficultés dans les ZEP. Le ministre de l'éducation ne fait rien pour les embauches, il veut même diminuer le nombre de fonctionnaires.

Jocelyne note les noms des personnes qui souhaitent intervenir.

— A toi Éric.

— Depuis des années, il n'y a pas d'augmentations pour les fonctionnaires. Dans le milieu hospitalier, les collègues n'en peuvent plus. Nous avons du mal à recruter des aides-soignants et des infirmiers, les conditions de travail et les salaires ne sont pas attractifs.

— Vas-y Louis, dit Jocelyne.

— Il y aura une reconduite de la grève mardi prochain, il ne faut rien céder à ce gouvernement. Les gens sont fatalistes, nous risquons de perdre tous les acquis sociaux.

— Effectivement, Louis, nous allons préparer la grève avec les employés municipaux et les syndicats, rendez-vous tous ensemble à 13 heures à la mairie.

— Nous allons passer à la candidature aux prochaines élections cantonales. Paul va ouvrir le débat.

— Bonsoir mes amis, je pense que pour choisir notre candidat aux cantonales, il nous faut voter. Toute la direction de la section est présente, mais avant de passer au vote, je souhaite donner mon avis sur les candidats. Dans 3 ans, auront lieu les élections municipales, je ne brigue pas un nouveau mandat, mais on a encore du temps devant nous pour établir la liste. En revanche, notre parti doit s'ouvrir à de nouvelles candidatures, je pense à Gérard Rayapa qui reste sympathisant de notre parti. Les candidats proposés par la section pour les cantonales sont : Roger Laporte, Gérard Rayapa et Geneviève Dubois. Nous pouvons procéder au vote.

Les mains se lèvent, Jocelyne note les noms.

— Oui René ?

— Je ne comprends pas comment l'on peut présenter sur la liste une personne qui n'est plus membre de notre parti. Gérard a décidé de nous quitter pour se consacrer entièrement à son association.

— Roger ?

— N'oublions pas qu'il faut un suppléant ou une suppléante. Je n'ai rien contre la candidature de Gérard, c'est un garçon sympathique et intelligent, mais il est jeune et manque d'expérience, votons et le comité de section donnera son avis.

— Vas-y, Rachel.

— Je partage le point de vue de René, il faut choisir une personne membre du parti. C'est bien dommage qu'il ait quitté le parti, ce garçon.

— Il reste un sympathisant du parti, Rachel, réplique Jocelyne.

— Je pense qu'il a de réelles capacités, ajoute Paul, il est jeune, c'est important que notre parti le présente comme candidat car la diversité est un sujet primordial et le parti doit faire des efforts dans ce sens. De plus, son association a mobilisé beaucoup de monde d'horizons différents. Il demeure un compagnon de route du part

— Je propose un vote à main levée. Qui est pour la candidature de Gérard ?

La plupart des mains se lèvent, Paul demande à Jocelyne de compter. Elle compte à voix basse et s'ajoute au nombre.

— 27 pour.

— Nous sommes 50, déclare Paul, 27 pour et 23 contre. Maintenant que la majorité s'est prononcée en faveur de Gérard, nous pouvons voter pour l'investiture aux cantonales.

— Éric, Jocelyne, Madame Vallot, vous dépouillerez. Cette dernière distribue de petits papiers pour que chacun puisse y inscrire le nom de son candidat. Éric passe avec une corbeille pour les réunir. Puis, les trois militants procèdent au dépouillement.

— Chers amis, annonce Éric, votre attention s'il vous plaît, nous allons vous donner les résultats du vote. Nous avons 50 bulletins, ce qui correspond au nombre de personnes présentes dans la salle : Geneviève : 13 voix, Roger : 18 voix, Gérard : 19 voix.

— Nous avons voté, dit Paul, la direction de section s'est prononcée sur la candidature. J'écrirai à Gérard, après, c'est lui qui décidera. Jocelyne, tu peux lui en parler.

— Paul, intervient Roger un peu déçu, je suis franchement content que Gérard l'ait emporté d'une voix, c'est la démocratie. Il est le premier jeune candidat issu de l'immigration dans ce canton. Je ne peux que lui souhaiter bonne chance. Mais il faut maintenant une suppléante, pourquoi pas Geneviève.

René est contrarié de la décision de la section et se lève et quitte la réunion à toute vitesse, il claque la porte. Le bruit retentit dans la salle et effraye quelques personnes. Certains gens se regardent et ne comprennent le comportement impulsif du jeune. Quelques temps après Robert regagne la sortie. Roger fait un sourire narquois à Jocelyne qui lui répond à son tour. D'autres déçus du résultat préfèrent gagner la sortie. Quelques instants s'écoulent, tout redevient comme avant. Le notable reprend la parole :

— Tu as raison, qui est pour la candidature de Geneviève ? demande Paul.

Toutes les personnes présentes dans la salle lèvent la main.

— Le candidat aux cantonales est donc Gérard Rayapa, la suppléante Geneviève Dubois.
— Merci à tout le monde, termine Jocelyne, la prochaine réunion aura lieu le 20 mai, juste après les cantonales. D'ici là, distribution de tracts au marché et au métro, je téléphonerai aux camarades pour leur demander un coup de main.

La salle de réunion se vide, Paul, Jocelyne et Roger continuent de bavarder sur l'attitude de René. La décision était démocratique, selon Roger. Le premier adjoint est triste de ne pas être candidat. Il pense peut-être briguer la place de Paul, l'avenir le dira.

ooooo

Gérard et ses amis célèbrent sa nomination chez Jocelyne. Sur la table sont dressés différentes sortes d'apéritifs, rafraîchissements, chips, cacahuètes et autres amuse-gueules. Le salon est spacieux, les meubles confortables. Les poignées de mains sont chaleureuses et les échanges cordiaux.

Jocelyne est célibataire, elle a tellement envie de se poser. Elle n'a connu que des histoires d'amour sans lendemain, elle hâte de trouver son âme sœur. Jocelyne ne songe pas à finir vieille fille. Comme beaucoup de femmes et d'hommes, elle a envie d'avoir un enfant. Heureusement que ses activités politiques et syndicales occupent ses journées. La jeune conseillère municipale lève sa coupe de champagne.

— A la santé de notre futur conseiller général.
— A la santé de tous, dit Gérard, et bonne chance à notre combat.

Malika est radieuse.

— Quand je pense que nous ne sommes partis de rien, nous étions six au départ, maintenant nous avons plus de quarante adhérents. Je souhaite que tu sois élu Gérard, tu as fait beaucoup de choses avec peu de moyens.
— Merci, mais je tiens à rappeler que chacun de nous y a mis du sien. Le résultat de ce combat est le fruit de nos efforts conjugués.
— En plus, intervient Virgile, tu as le profil qu'il nous fallait. Tu es jeune, d'origine indienne et étudiant, c'est rare. Le portrait du candidat type a longtemps été l'autochtone d'un certain âge, issu de la bourgeoisie.
— Gérard sera le benjamin des conseillers généraux de notre pays, dit Philippe, j'espère qu'il y en aura d'autres dans le paysage politique français.

Mamadou songeur est assis dans le fauteuil entre Virgile et Philippe.

— Si jusque-là, les minorités n'ont pas eu de réelle représentation dans la politique française, c'est peut-être parce qu'elles n'ont pas les capacités, suggère-t-il.
— Arrête tes conneries, s'écrie Virgile, Gérard présente toutes les aptitudes pour faire un excellent élu.
— Du calme, je sais que Gérard est capable. Mais beaucoup d'européens pensent que nous n'avons pas les compétences requises.
— Ce n'est qu'au pied du mur qu'on voit le bon maçon, tu le connais ce dicton ! Il faut donner à chacun sa chance, quelle que soit son origine, se lancer des défis et œuvrer pour atteindre

les objectifs. Cela a été l'essentiel de notre démarche jusque-là et je crois que nous en récoltons les fruits aujourd'hui, termine Gérard.

Les assiettes et les bouteilles ont été bien honorées. La jeune Nathalie n'est pas très intéressée par la discussion, elle a envie de sortir.

— J'ai faim, ça vous dit, un italien ?
Les jeunes gens quittent l'appartement et vont dîner. La ville est calme ce vendredi soir à Colvert, Chez Aldo, l'unique restaurant italien est bondé ; il est vrai que son pizzaïolo est un artiste. Gérard en sort accompagné de ses amis. Ils se sont tous bien régalés et ils ont une seule envie : Aller se coucher. Jocelyne rappelle à Gérard que demain c'est la distribution des tracts pour la compagne des cantonales. Elle peut compter sur lui, il est toujours assidu et ponctuel. Les jeunes gens s'embrassent et rentrent chez eux. Gérard embrasse sa petite amie sur la bouche. Il marche d'un pas pressé pour rentrer chez son oncle, il traverse la Grande Roseraie, une immense cité dortoir avec ses anciens bâtiments sombres non ravalés. Tout à coup il perçoit des bruits insolites puis un hurlement de femme. Il s'arrête aussitôt et distingue trois jeunes gens, parmi eux un blond dont il a identifié le visage ; ces derniers s'évanouissent dans l'obscurité. Le quartier retrouve son calme habituel. Gérard surprend alors une jeune fille noire qui sort de la cave en pleurs, la chemise déchirée, le soutien-gorge dégrafé, le jean maculé. La honte l'envahit à la vue de Gérard, car il l'a reconnue, c'est l'amie de Malika. Intrigué, il lui pose des questions sur ce qui s'est passé. Pour elle, c'est juste un incident.

— Un incident ? J'ai l'impression que ces voyous t'ont violée. Kala est en larmes, sa respiration s'affole.

— Je t'en supplie Gérard, n'en parle à personne, s'il te plaît.

— D'accord, même pas à Malika. Tu peux compter sur moi. Mais si je revois ce blond, je lui dirai ses quatre vérités, et s'il recommence, il aura des ennuis. Auras-tu le courage de porter plainte ?

— Je ne peux pas faire ça. Son père est quelqu'un d'important, il est premier adjoint au maire.

— Son père pourrait être le Président de la République, la justice est la même pour tout le monde.

— Gérard, je te demande de laisser tomber cette histoire. J'aime Marc mais je ne veux plus vivre ce que j'ai vécu ce soir et je ne le reverrai plus.

— C'est une bonne résolution, c'est un pauvre type. Il est tard, rentre chez toi.

Gérard et Kala reprennent chacun leur route. La jeune femme est complètement désemparée, elle a toujours des sentiments pour Marc. Ils ont passé de bons moments ensemble, certes, mais cette soirée a brisé l'amour.

Robert Masson et René Modeste se rencontrent autour d'un apéritif dans le quartier de la Roquette.   La rue de Lappe est un lieu pittoresque de Paris ayant conservé son charme du passé. Les pavés n'ont pas changé depuis des années. Cette rue où se trouve des pubs et des restaurants est très vivante surtout le soir et la nuit. René transpire sur le front et sirote sa bière tandis que Robert boit son kir à grandes lampées. René est triste, nerveux, il se sent très mal dans sa peau. L'élu commande un grand pichet de bière qu'il vide en peu de temps et il recommande à nouveau la même bière. Il a pitié de voir René dans cet état-là. L'élu est l'oncle maternelle de René. Le jeune homme est pensif :

— J'en ai marre de ce Gérard, j'ai envie de me présenter comme candidat dissident.

Robert ricane :

— Tu serais stupide de faire ça.

René contrarié bougonne.

— Alors qu'est- ce que tu veux que je fasse ?
— Écoute mon petit, si tu te présentes, premièrement nous devrons payer nous-mêmes la campagne, deuxièmement tu n'as aucune chance de gagner contre Gérard, il a le soutien du parti.
— Alors il sera conseiller général.
— Écoute, ce garçon est intelligent, il en a convaincu beaucoup d'adhérer à son association, il a la majorité des élus et des militants du parti derrière lui. Il faudra l'attaquer au cours de son mandat ; sur la question de la sécurité par exemple, il manque furieusement d'expérience. Ne t'inquiète pas, on trouvera bien le moyen de s'en débarrasser.

René écoute, toujours pensif :
— Tu as raison, j'arrête de me casser les méninges.
— Oui, gardons espoir.

Les deux hommes discutent avec ardeur, Robert a avalé son apéritif depuis longtemps, René n'est toujours pas à bout de son verre, il savoure sa bière toujours avec la même lenteur. Le bistrot se remplit peu à peu. Une belle blonde en mini-jupe guète Renée, il est toujours dans ces pensées. Robert remarque que la jeune la regarde, il en parle à son neveu.

— Allez mon petit, regarde-moi cette belle silhouette, j'ai
l'impression qu'elle est intéressée par toi.

René ne réagit pas et il finit par regarder la fille et lui sourit, elle lui
répond. Robert glisse un billet de cinquante euros dans la poche de la
belle chemise rose de René et il disparaît subitement. René s'approche
de la jeune femme et l'invite à boire un verre. Les jeunes discutent et
font connaissance.

ooooo

Ce dimanche après-midi, Gérard, son oncle et sa tante sont réunis
autour de la table basse du salon sur laquelle trônent une théière et une
assiette en inox chargée de différentes douceurs. Ils commencent à
manger les biscuits et en buvant le thé indien, dans la tranquillité
dominicale.

— Formidable, mon neveu, tu vas être conseiller général en région
parisienne, la famille Rayapa est fière, déclare Bernardine,
enchantée.
— Hier, j'ai eu tous les membres de la famille au téléphone les uns
après les autres, ils sont ravis mais papa me dit de ne pas laisser
tomber les études pour la politique. Il ne me reste plus qu'un an
avant de passer mon examen. On peut toujours réussir quand on
a la motivation.
— Il a raison mon frère, ce qui compte dans la vie c'est d'avoir une
bonne situation, sinon intéressante du moins stable. Ensuite, tu
pourras toujours poursuivre tes activités politiques, tu es encore

102

jeune.

— Je veux vivre cette nouvelle expérience d'élu. J'ai accepté d'être candidat sur proposition du comité de section et je ne peux plus faire marche arrière. Demain, je suis invité à une émission télévisée.

— Je ne te dis pas de refuser cette candidature mais de penser à ton avenir, réussir ton examen et devenir ingénieur en travaux publics.

— Oui mon oncle, je ne suis venu en métropole que pour mes études...

— Ta vie a pris un autre chemin, tu te rends peu à peu célèbre par ton engagement politique. Quant à moi, je commence à penser que la vie peut changer pour les minorités grâce à des personnes comme toi Gérard, dit Bernardine.

— Tu te souviens tante Bernardine, le jour où je regardais le débat parlementaire, tu ne croyais pas au changement. Tu vois, il faut rester positif en dépit des difficultés. Parfois j'ai eu envie de jeter l'éponge face aux obstacles, mais c'est justement dans ces périodes qu'il faut se montrer plus fort.

— Je suis content pour toi ; j'habite depuis très longtemps à Colvert, pour moi c'est métro, boulot, dodo, ajoute tristement son oncle.

— Vous pouvez me faire plaisir en prenant part occasionnellement à la Réunion associative.

Son oncle et sa tante hochent de la tête en signe d'assentiment, ils sourient.

ooooo

103

C'est la saison des averses à Colvert. Ce soir-là les gens quittent en hâte la gare pour chercher refuge sous un abri, certains courent chez eux. Gérard fend la foule et se dirige à grands pas vers un bistrot de la gare. Il commande un café. Une dame lui sert la boisson chaude qu'il avale d'un trait, il paie. Soudain, il aperçoit Marc, le fils Laporte, qui joue au flipper. Gérard s'approche du jeune blond qui sursaute de le sentir si proche. Qu'est-ce que tu me veux ?

— Rien.

— Alors dégage, sale nègre, lance le jeune.

Gérard s'énerve, l'attrape par le col de sa chemise et l'attire brutalement vers lui. Marc est terrifié, son visage est crispé.

> — Écoute-moi bien, tu arrêtes tes conneries de tournantes. La prochaine fois que j'ai vent d'une histoire, je n'hésiterai pas en parler à ton père et j'irai moi-même au commissariat. Tu auras des ennuis.

Il lâche violemment le col de Marc, qui bascule en arrière, se rétablit et fanfaronne.

> — Occupe-toi de tes oignons, tu risques de gros ennuis et ne t'amuse pas à jouer les caïds.

Il quitte précipitamment le café et disparaît de la vue de Gérard. Celui-ci reprend sa respiration puis s'en va. Le café retrouve son calme. Gérard sent le poids des regards dans son dos. Il marche d'un pas pressé, les yeux rivés vers le sol. Marc est reconnu être le chef des caïds de la cité Chevreuil. Ce n'est pas son premier viol collectif. Ce garçon est un véritable Don Juan, un bel homme blond musclé avec un charme irrésistible. Les jeunes femmes naïves tombent dans son piège. Il n'a aucune considération pour les femmes, pour lui, ce ne sont toutes que des garces.

Marc a mal tourné pour des raisons familiales. Il a perdu très jeune sa mère, Roger s'est mis en couple avec une autre femme. Le rapport entre la nouvelle compagne de Roger et Marc s'est très vite détérioré. Marc a eu un demi-frère, Bertrand. Ce dernier réussit à s'en sortir au niveau scolaire et c'est tout le contraire de son frère. Le casier judiciaire de Marc est bien garni à cause de ses mauvaises fréquentations et de l'argent facile. Roger Laporte reconnaît qu'il est responsable de la vie de son fils et qu'il a été égoïste. Roger pensait uniquement à sa réussite professionnelle et la politique. Il ne s'est pas occupé de son fils et il a même était très dur envers lui. Il regrette ses phrases qu'il répétait souvent, « Tu n'es qu'un bon à rien, imbécile. J'ai honte d'avoir un enfant comme toi ». Ces mots étaient gravés dans le cœur et la mémoire du mineur. Il souffrait du manque d'amour de son père et la disparition précoce de sa mère. Au fond Marc n'est pas un mauvais garçon, Roger regrette de ne pas avoir fait son devoir de père. Hélas c'est une histoire finie et les regrets ne servent à rien dans cette vie. Maintenant, il est plus difficile de le remettre dans le droit chemin et penser à une vie rangée est une illusion.

ooooo

Gérard se trouve dans un studio d'enregistrement d'une émission politique télévisée. Il est en compagnie du célèbre journaliste Robert Deschamps ainsi que de trois personnalités politiques. Le plus jeune invité porte un vêtement décontracté, un jean noir, une chemise bleue à rayures noires et une belle paire de chaussures de ville beige. Les autres personnalités ont des tenues classiques et chics. Le public est de tous âges, du jeune étudiant jusqu'au retraité, certes l'âge moyen tourne autour de quarante ans. Les spectateurs sont assis sur trois petites estrades superposées, ils sont environ une vingtaine de personnes. L'émission va bientôt commencer, les maquilleuses et toute l'équipe finissent leurs dernières tâches. Le présentateur se prépare et il est comme d'habitude relaxe. C'est toujours un bel homme malgré ses cinquante ans, il a la même coupe qu'Al Pacino.

— Bonjour, Mesdames et Messieurs. Aujourd'hui, nous allons traiter de la diversité dans la vie politique française. Il s'agit, chers amis téléspectateurs, de la représentation des personnes issues de l'immigration aux élections nationales et locales. Nous avons pour invités M. Le Blanc, député National Républicain, Mme. Lévi, députée du Mouvement Progressiste, M. Jean-Luc David, député et secrétaire du Rassemblement centriste et M. Rayapa, candidat à l'élection cantonale de Colvert, apparenté au Mouvement Progressiste. Ma première question sera pour Mme Lévi.

— Madame, vous êtes bien connue dans le paysage politique depuis de longues années. La presse a eu vent de votre départ fixé à la fin de ce mandat. Comment percevez-vous l'avenir de la diversité en politique ?

— Certains pensent que la politique est une profession, alors que c'est un engagement. J'ai 58ans, je songe à me retirer... Je trouve dommageable que certains élus ne veuillent pas laisser la place aux jeunes. Les élus issus de l'immigration sont plus à même de comprendre les problèmes quotidiens de leurs compatriotes, voyez en Grande-Bretagne ou aux États-Unis.

— Oui, je comprends ; M. Leblanc, vous souhaitiez intervenir, nous vous écoutons.

— Les populations issues de l'immigration doivent s'intégrer à la société française et en respecter les lois. Beaucoup font du tort à la France et à leur propre communauté. La polygamie favorise la délinquance. C'est une des raisons pour lesquelles les portes de la politique restent fermées aux minorités. Un contrôle de l'immigration s'impose. Il serait préférable de faire appel à une immigration qualifiée, sachant que certains secteurs d'activités ont besoin de compétences.

Madame Lévi esquisse un sourire narquois.

— Monsieur, je ne vois pas de rapport entre polygamie et délinquance ! Vous tenez un discours populiste qui nous étonne guère, vous êtes l'élu d'une circonscription bourgeoise, nous n'avons visiblement pas les mêmes problèmes. Les quartiers populaires, tout le monde en parle, mais personne n'a encore sérieusement étudié la question. Certaines villes comme la vôtre refusent de construire des logements sociaux, donnant la préférence aux résidences privées. Et c'est ainsi qu'une ville comme la mienne accueille toutes les populations en difficulté.

— Madame, expliquez-moi alors pourquoi votre parti ne présente pas plus de candidats de la diversité dans des circonscriptions où vous pouvez gagner des sièges ! Nous rencontrons les mêmes difficultés vous et moi, mais moi je suis réaliste.

Madame Lévi lance un regard sévère au député de la majorité.

— Vous non plus n'avez pas d'élus issus de l'immigration, que je sache.

— Permettez-moi, chère madame, d'aller au bout de ma réflexion...
Je ne veux…

— Cher Monsieur, reconnaissez avec moi que les grands partis
perçoivent enfin l'existence d'un nouvel électorat. On constate
une importante abstention chez les jeunes issus de
l'immigration. Les dernières élections ont révélé de nombreux
candidats des minorités. Malheureusement, cela reste une vitrine
qui profite aux grands partis pour attirer des électeurs. En
matière de politique d'immigration, vous arbitrez sur le critère
des compétences. Vous cherchez par là aussi à récupérer
l'électorat de l'extrême droite.

— Madame, veuillez ne pas déformer mes propos. Mon parti et moi
proposons simplement d'instaurer des quotas pour permettre à
des personnes issues de l'immigration d'avoir une place sur les
listes aux différentes élections. Nous avons déjà un taux de
chômage élevé, vous conviendrez que nous ne pouvons pas être
une terre d'accueil pour tous !

— Sachez que les droits de l'homme ne sont pas respectés en
Europe, y compris en France ; avant de donner des leçons de
morale, commençons par balayer devant notre porte. Nous
gaspillons l'argent dans l'armement et faisons des cadeaux
fiscaux à quelques individus. Nous avons les moyens d'aider ces
pays sur les plans économique, social et sanitaire pour leur
permettre d'atteindre un seuil de développement mesurable.

— Revenez sur terre, votre pensée est moribonde, nous sommes
dans une économie de marché.

— Peut-être, mais votre idéologie tue l'humanité.

— M. David, vous avez la parole, intervient le journaliste, vous avez certainement beaucoup à dire sur votre jeune parti et sur la diversité.

— Oui, les gens sont lassés de ces deux grands partis qui se renvoient la balle, et dont aucun n'apporte vraiment de solutions aux problèmes des français. Nous proposons de travailler ensemble. Les bonnes idées sont partout.

— M. David, rejoignez-nous, dit M. Leblanc, votre mouvement va cesser d'exister. Excusez ma grossièreté, mais vous avez le cul entre deux chaises.

— Vous verrez, M. Leblanc et Madame Lévi, ce rassemblement du centre sera l'alternative politique. Les gens veulent un vrai changement et non des promesses.

— Vous voilà enfin déçu du libéralisme sauvage, persifle la députée, n'oublions pas cependant que vous avez été membre du gouvernement, M. David.

— Certes, je reconnais mes erreurs, tout comme votre parti et celui de Monsieur Leblanc, nous voulons maintenant un mouvement porteur de vrais changements.

— Quelle sont les propositions de votre parti en matière de représentation de la diversité ? interroge le journaliste.

— Comme le PMP, mon parti est favorable au droit de vote des immigrés aux élections municipales. Pour ce qui est de la représentation de la diversité, nous proposerons plusieurs candidats aux régionales. Le parti a mis en place une commission spécialement chargée de cette question.

— Mesdames et Messieurs, dit le présentateur, il nous reste peu de temps, je vais passer la parole à Gérard Rayapa qui est d'origine réunionnaise. Il est le plus jeune candidat aux élections

cantonales de tous les temps. Que pensez-vous de la diversité ?
Parlez-nous de votre parcours Monsieur Rayapa.

— Je me suis engagé dans la jeunesse du Mouvement Progressiste à
l'Ile de la Réunion. Je suis aujourd'hui apparenté à ce parti et
suis président de l'association locale « Tous citoyens à Colvert ».
Je n'aime pas le mot diversité, je lui préfère citoyenneté.

— Pourquoi le mot diversité vous dérange-t-il s'étonne le
journaliste ?

— Pour moi, ce terme dérivé de « divers », porte en soi la
discrimination, en distinguant français européens ou autochtones
et français d'origine étrangère. Or, nous sommes tous français.
J'ai le sentiment aussi qu'il s'agit d'une sorte de label. Me
viennent à l'esprit d'autres expressions qui ne me semblent pas
meilleures, telles que personnes issues de l'immigration ou bien
encore minorités visibles. Les partis politiques doivent ouvrir la
porte à des jeunes comme moi. Je m'intéresse plus à des notions
telles que le vivre-ensemble, la citoyenneté, l'emploi, la culture.
Je ne cherche pas à me faire élire sur le seul label « diversité ».
A l'île de la Réunion, tout le monde a sa place en politique, on
se fiche que vous soyez blanc, malgache, chinois, indien, noir,
créole, arabe, ...On n'a pas besoin de quotas dans mon île,
pourquoi ne serait-ce pas possible en France métropolitaine ?

Monsieur Leblanc ricane grossièrement.

— A vous entendre, vous vivez dans une société utopique.
Regardez, dans les pays anglo-saxons, les quotas fonctionnent
bien.

— S'il vous plaît, rétorque le journaliste, Monsieur Leblanc, laissez
finir Monsieur Rayapa.

— Je veux simplement dire que toute personne, quelle que soit son origine ou sa confession, mérite sa place. Pour autant, ce n'est pas en raison de son appartenance à une minorité qu'elle doit accéder à un poste d'élu. Pour ma part, je n'ai pas été choisi comme candidat au seul motif de mes origines indiennes, ou parce que je viens des DOM, si c'était le cas, cela ne m'intéresserait pas. Je suis avant tout français et j'ai des ambitions pour mon pays...

L'émission est terminée, le journaliste remercie les invités. Les deux hommes serrent la main à Gérard et au journaliste, ainsi qu'à l'ancienne Garde des Sceaux. La femme va vers Gérard, le félicite pour son engagement et l'embrasse. Elle lui donne sa carte de visite pour être en contact avec elle. Toute la famille Rayapa a regardé cette émission, la mère est très émue. Malika et son père ont aussi suivi le débat, ainsi que les autres amis. L'émission a reçu une forte audience malgré le ras le bol de la politique de beaucoup de personnes.

ooooo

Dans la salle municipale, dès 21 heures, Gérard, Mamadou et Virgile, Arthur Cohen, le maire adjoint chargé de la jeunesse et des sports, le maire Roger Laporte et Jocelyne sont entourés de nombreux jeunes pour la préparation des cantonales. Gérard et les élus discutent dans une salle bruyante et animée. En tant que candidat Gérard est invité à prendre la parole pour clôturer la soirée.

— Merci chers amis pour cette invitation, merci pour votre enthousiasme très encourageant pour nos idées citoyennes et politiques. Surtout n'hésitez pas à faire appel à moi quand je

111

serai élu. Je serai en contact avec vous par le biais de la commission consultative de la jeunesse locale. C'est un moyen grâce auquel vous, les jeunes, pourrez participer à la vie politique locale. Merci pour tout et à bientôt.

Tout le monde applaudit le jeune candidat, Gérard serre quelques mains et quitte la salle. Il marche dans la petite ruelle Augustin-Dumont, avant de regagner la rue Jean-Zay. Cette partie de la ville endormie est paisible, déserte. Deux jeunes dont Marc Laporte marchent sur l'autre trottoir, Gérard ne les voit pas mais Laporte l'aperçoit. En colère, il raconte à Bertrand ce qui s'est passé : la soirée dans la cave et la querelle dans le café. L'ami de Marc est ivre et a un comportement agressif, c'est un homme fort et musclé. Les deux jeunes se trouvent devant un arrêt de bus, Marc continue de marcher tandis que Bertrand s'arrête brusquement et regarde la vitre de l'arrêt comme un chien enragé. Marc se retourne et voit son ami rouge de colère, il le prend par le bras et l'incite à continuer leur chemin. Bertrand repousse doucement son ami et d'un coup de pied très fort, il brise le bas de la vitre. Un bruit assourdissant résonne dans ce quartier. Gérard se retourne précipitamment, la peur l'envahit. Il aperçoit les deux voyous, se retourne et marche à grande enjambées. Marc et Bertrand fixent Gérard et toujours rouge de colère.

— C'est à cause de ce salaud, que tu n'es plus avec Kala. On va lui donner une leçon.
— Laissez tomber, Bertrand, c'est une histoire oubliée, ne parle plus de cette salope.

Bertrand, bien décidé, suit Gérard à grand pas. Malgré le renoncement de son ami, il s'y rend et Marc finit par le suivre. Bertrand pousse

Gérard, terrorisé, ce dernier tombe au sol. Il se relève prestement et voit les deux voyous. Marc s'apprête à donner un coup de poing mais Gérard l'évite et lui porte un fort coup de pied au tibia. Laporte hurle mais ne rate pas son coup sur le visage de Marc. Il reste au sol et a du mal à se relever. Le jeune Réunionnais se retrouve face au gabarit de Bertrand, qui lui envoie un sec coup de poing, lui cassant la mâchoire et le projetant sur un panneau métallique, que la tempe de Gérard heurte violemment. Il s'écroule au moment où Marc se relève :

— Tu es fou, on est dans la merde. Tu es bourré et tu ne te rends pas compte de ce que tu as fait.
— Oh c'est rien, je lui ai donné une bonne mandale, il ne t'emmerdera plus.

Marc constate les dégâts et observe que Gérard ne respire plus, vérifie le pouls et ne sent pas de battements, nerveux, il pose ses deux mains sur les poumons de Gérard : le cœur ne bat plus. Paniqués, les deux hommes s'enfuient. Un motocycliste aperçoit les deux hommes en fuite, se précipite au secours de Gérard, téléphone au Samu et à la police. Les secours sont vite sur place, tentent en vain de ranimer la victime. Gérard est mort !

Le lendemain, toute la ville est en deuil. Certains élus et amis de Gérard, rendent visite à son oncle et sa tante en larmes. Malika et son père sanglotent. Les enquêteurs ont gardé le corps pour autopsie. Les grands journaux du pays en parlent de Gérard Rayapa et de son engagement. Certains journalistes de toutes les chaines confondues sont présents dans le quartier de Gérard. Les voisins interviewés ont une image d'un garçon gentil, discret, serviable envers les personnes âgées. Une journaliste pose des questions à Virgile, pour lui, Gérard est un modèle pour la jeunesse et la diversité.

ooooo

Après le décès de son compagnon, la vie continue pour Malika. Elle réussit son DEUG en droit et poursuit jusqu'à l'obtention d'une licence dans la même spécialité. La jeune femme ne souhaite pas faire une maitrise et elle n'a plus envie de devenir avocate. Elle se prépare et tente de passer le concours pour devenir enseignante qu'elle réussit la troisième fois. Après sa formation à l'IUFM, elle devient institutrice à l'école Guy Moquet de Colvert.

Jocelyne Loiseau est toujours en contact avec elle et les autres membres de l'association « Tous citoyens de Colvert ». L'élu réussit à convaincre Malika d'adhérer au Mouvement Progressiste. La jeune femme finit par être membre du parti après une longue réflexion. Cette fille a du caractère à l'inverse de Gérard. Avec le temps et surtout l'expérience, elle devient un apparatchik. A son tour elle convainc ses deux amis Mamadou et Virgile d'adhérer au parti, le premier devient maire adjoint chargé de la jeunesse et le second conseiller municipal.

Magalie encourage Malika de continuer de faire de la politique et pourquoi pas devenir ministre. La jeune élue n'a pas d'ambition et n'est pas du tout carriériste. La politique reste juste un engagement citoyen. Elle compte uniquement s'investir dans la circonscription et laisser la place de Maire à son adjoint Jérôme Dupont. Elle pense aussi que tous les élus au bout de deux mandats maximums doivent laisser leur place. Elle compte bien reprendre à terme son travail d'enseignante. Malika a des larmes dans les yeux, son visage est abattu. Magalie partage le chagrin de Malika :

114

— Maintenant, je sais que Gérard tient une place essentielle dans votre vie. Depuis sa mort, beaucoup de jeunes ont suivi sa voie et aujourd'hui le parlement reflète la société française.
— Je le répète Magalie, à l'époque je ne m'intéressais pas du tout à la politique et je vous avoue que je ne votais pas. Je serai bientôt députée, je vais travailler pour mon pays, la France ; avant je ne me sentais pas française comme beaucoup de jeunes de banlieue d'origine étrangère. Vous avez raison, le parlement actuel reflète enfin la société française, nous avons plus de trente Députés et Sénateurs issus de la diversité. Luc Tran, du Mouvement progressiste et Maire de Lyon est d'origine asiatique, l'opposition aussi a ses Maires d'origine étrangère, tels que Mohamed Laziza à Strasbourg. Et je pourrais citer bien d'autres édiles de petites et moyennes villes. Sans oublier nos trois ministres qui ont d'importantes responsabilités dans le gouvernement actuel de Franck Pattu, le célèbre romancier Amara Touré, ministre de la culture, Aicha Hadj, ministre du travail et Raymond Pregassam, ministre de la défense. Le président de l'Assemblée Nationale n'est autre que Mohamed Diallo. L'activiste et député Bruno Vincent, d'origine antillaise, est secrétaire national du parti Environnement Nature.

Certains d'entre eux, comme la députée Marie Janvier ou le sénateur Abdel Zouaoui ont relégué la langue de bois aux oubliettes et défendent très haut et très fort leurs idées.

— Que sont devenus Marc Laporte et l'autre homme ?
— Marc Laporte et son acolyte purgent une peine de vingt-cinq ans, pour homicide. Son père a renoncé à son poste de maire et s'est mis en retrait de la vie politique. Le poste revenait alors à

Jocelyne, mais elle ne voulait pas d'un second mandat, et c'est comme ça que je suis devenue maire de Colvert.

Magalie se sent un peu embarrassée à l'idée de poser l'ultime question qui lui brûle les lèvres. Malika la regarde avec sérieux puis lui sourit.

— Vous n'avez plus de questions ? N'hésitez pas.

— Si, mais je ne voudrais pas vous froisser.

— N'ayez crainte, je suis compréhensive.

— Bien, cela est en rapport avec votre vie personnelle.

— Allez-y, posez votre question.

— Vous avez refait votre vie ?

— Non, je suis célibataire. Je ne peux imaginer vivre ma vie avec un autre homme que Gérard. Il m'a donné un fils.

— Quoi ? s'exclame étonnée Magalie.

— Après sa disparition, j'ai découvert que j'étais enceinte. Ma mère voulait que j'avorte, je vivais une situation difficile avec ma famille. J'ai décidé de garder le bébé, mon père et mon frère m'ont soutenue et ma mère a fini à la longue par accepter ma décision. Je suis heureuse qu'Antoine soit là, il ressemble comme deux gouttes d'eau à son père.

— Avoir un enfant, je ne connais pas plus grande richesse au monde.

— Oui, là il est en compagnie de ses grands-parents.

Le café s'est vidé, il ne reste que les deux jeunes femmes dans la salle. Magalie jette un coup d'œil à sa montre :

— Oh ! Il est presque 19 heures, le café va fermer. Je suis heureuse de vous avoir rencontrée, Malika, et je vous souhaite courage et succès.

— Merci Magalie, je suis ravie également.

— J'espère que nous resterons en contact.

La jeune élue et la jeune journaliste échangent leur carte de visite, puis elles se lèvent et s'embrassent chaleureusement.

FIN

www.ingramcontent.com/pod-product-compliance
Lightning Source LLC
Chambersburg PA
CBHW050540160726
48003CB00002B/681